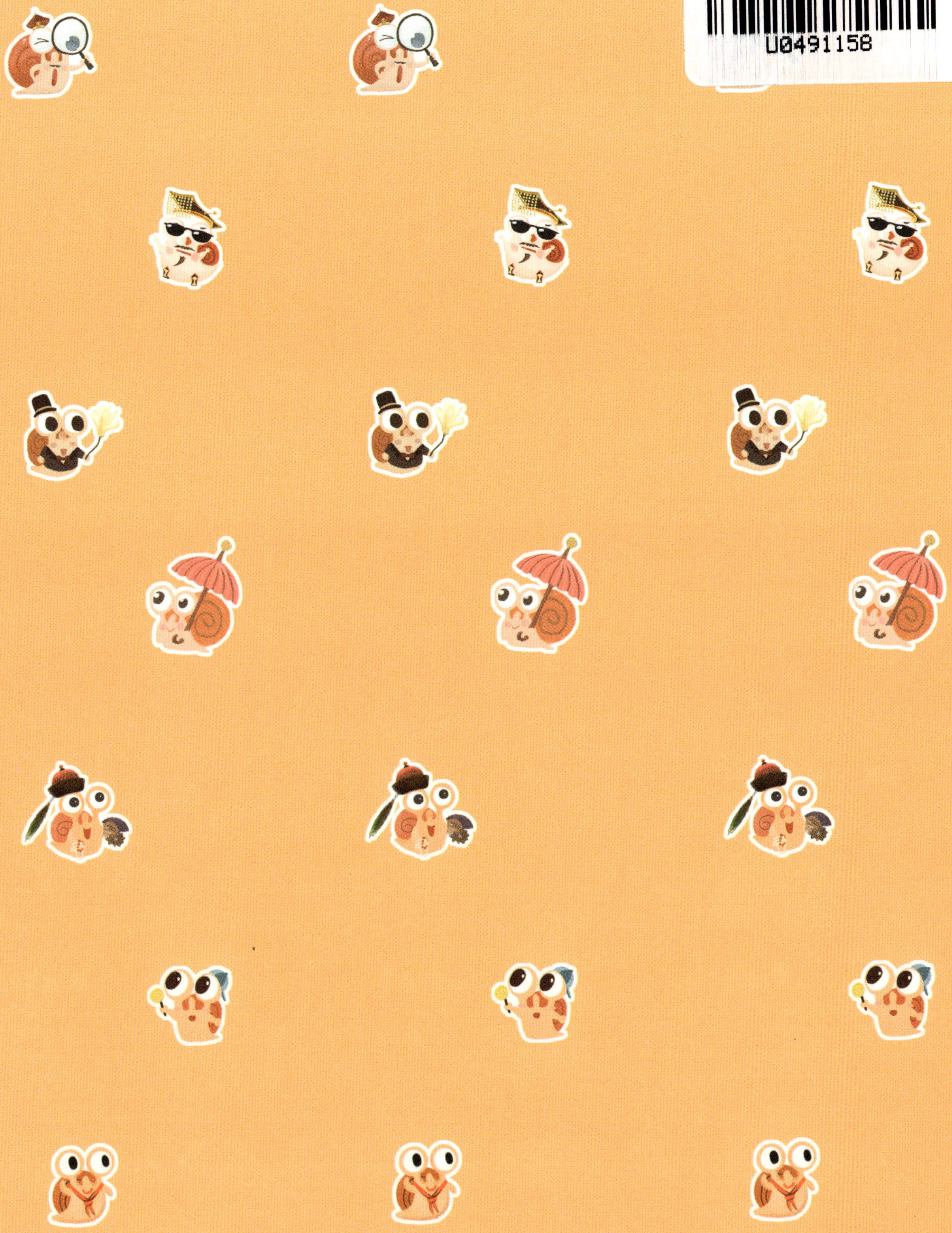

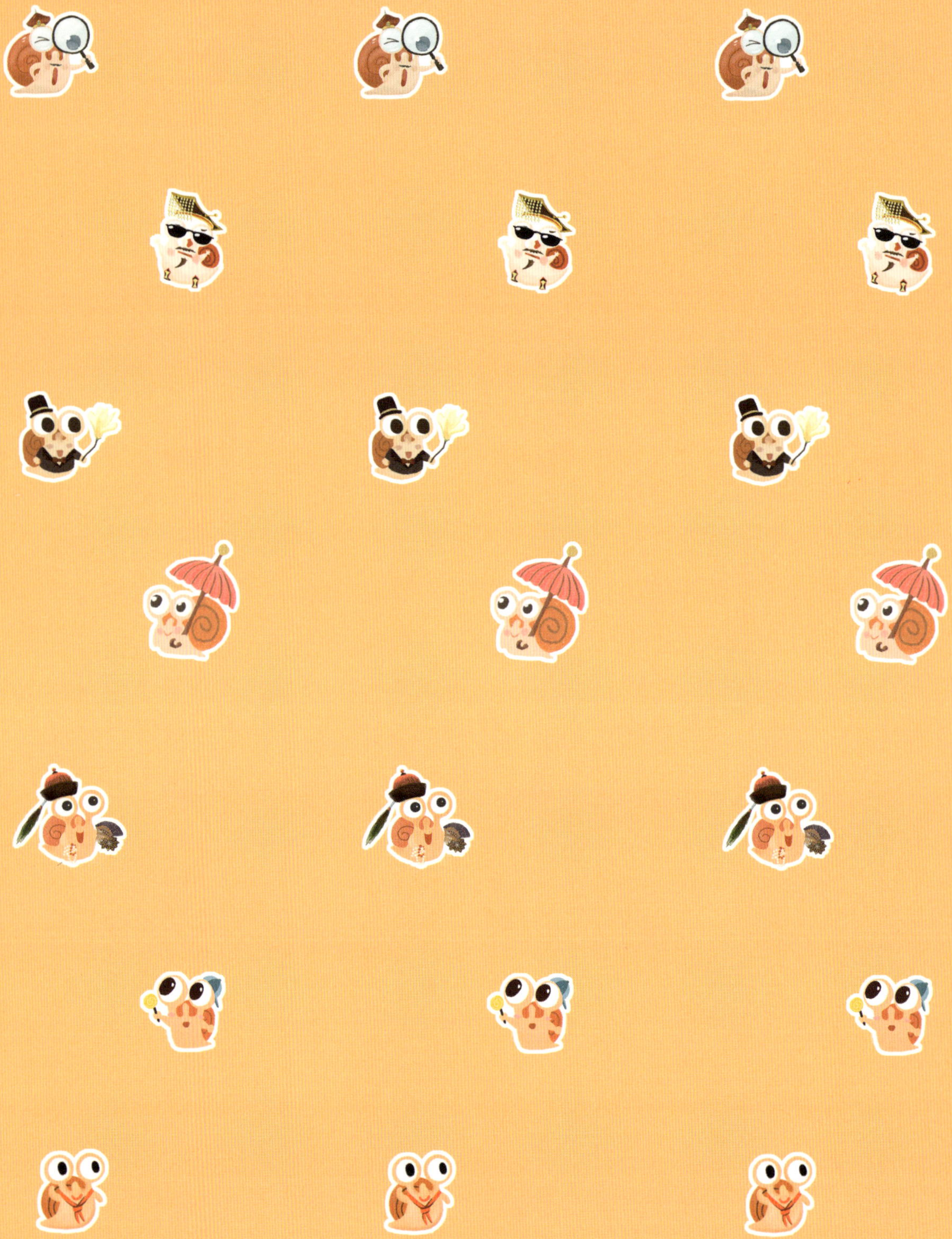

跟着 Wolly 游 西安

XI' AN

蜗乐居工作室 著⊕绘

重庆大学出版社

图书在版编目 (CIP) 数据

跟着 Wolly 游西安 / 蜗乐居工作室著绘 . -- 重庆：
重庆大学出版社，2024.6
（纸上大中华丛书）
ISBN 978-7-5689-3851-8

Ⅰ. ①跟… Ⅱ. ①蜗… Ⅲ. ①西安—概况—儿童读物
Ⅳ. ① K924.11-49

中国国家版本馆 CIP 数据核字 (2023) 第 081940 号

纸上大中华丛书
跟着 Wolly 游西安
GEN ZHE WOLLY YOU XI'AN
蜗乐居工作室　著绘

策划编辑：张菱芷　　　责任编辑：张菱芷
书籍装帧：隋文婧　　　封面插画：闻悦圆
责任校对：刘志刚　　　责任印制：赵　晟

重庆大学出版社出版发行
出版人：陈晓阳
社址：重庆市沙坪坝区大学城西路 21 号　　邮编：401331
电话：(023)88617190　88617185(中小学)　　传真：(023)88617186　88617166
网址：http://www.cqup.com.cn　　邮箱：fxk@cqup.com.cn(营销中心)
全国新华书店经销
天津裕同印刷有限公司印刷

开本：787mm×960mm　1/16　印张：8　字数：189 千
2024 年 6 月第 1 版　2024 年 6 月第 1 次印刷
ISBN 978-7-5689-3851-8　定价：68.00 元

本书如有印刷、装订等质量问题，本社负责调换
版权所有，请勿擅自翻印和用本书
制作各类出版物及配套用书，违者必究

致所有终将启程的孩子

Wolly 个人小档案

年龄 永远 5 岁

性别 不详，大部分时候是小男生

星座 热情冲动的白羊

血型 爱挑战的 B 型

特征 拥有和脑洞一样大的眼睛

爸塞螺，Wolly 的老爸

梦想 穿越时空，结交古今大咖。

搭一架C919飞上蓝天！

爱好 最爱旅行探险，在旅途中吃喝玩乐。因为自己速度慢，所以喜爱各种交通工具。最近沉迷于滑雪。

Like!

Journey

太和殿的冒险经历真是难忘！

宋朝的四司六局果然名不虚传！

西安？

我当然知道不是

跳着**嘻哈舞**的鹌鹑。

是有

很多兵马俑的**西安**！

目录

01 千年古都

古都　　　　　　2
◎ 渭河平原　◎ 国都之路

西安　　　　　　10

02 盛世之城

城墙　　　　　　14
◎ 防御

钟鼓楼　　　　　18
◎ 景云钟

大明宫国家遗址公园　26
◎ 唐太宗　◎ 三省六部　◎ 科举考试

华清宫　　　　　38
◎ 唐玄宗与杨贵妃　◎ 李白
◎ 安史之乱　◎ 唐朝灭亡

03 丝绸之路的起点

丝绸之路　　52
◎ 丝绸　◎ 雕版印刷　◎ 西市

回民街　　64
◎ 好吃的面食　◎ 皮影戏

大雁塔　　74
◎ 玄奘　◎《西游记》

04 满城尽带宝藏库

古都宝藏　　84
秦始皇兵马俑博物馆　86
◎ 秦始皇　◎ 兵马俑　◎ 战车

陕西历史博物馆　　102
◎ 人面鱼纹盆
◎ 杜虎符　◎ 陶俑
◎ 三彩载乐骆驼俑
◎ 鎏金舞马衔杯纹银壶

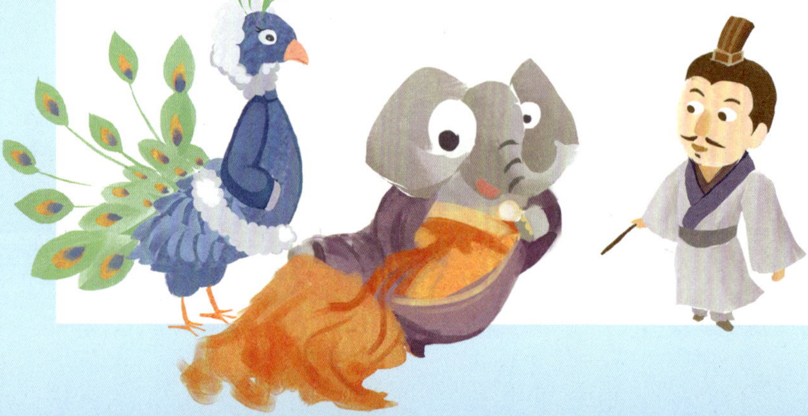

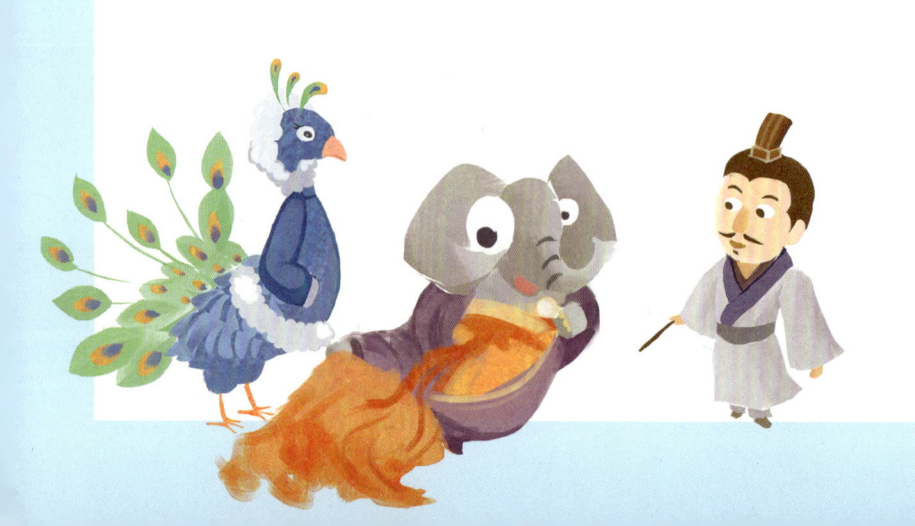

CHAPTER 01

千年古都

气候温暖宜人,水资源丰沛,还有山川作为天然屏障——占尽天时地利的古代西安深受各朝皇帝的垂青,足足当了一千多年的首都!

古都

| 朝代 建都时长 | 西周 276年 | 秦 178年 | 西汉 214年 | 新朝 15年 | 东汉 汉献帝 6年 | 西晋 晋愍帝 4年 |

西安是陕西省的省会，在古代，它是中国最重要的城市之一。历史上很多重要的朝代，比如西周、汉朝，还有唐朝，都把西安当作都城！

所以，西安作为各朝的首都前前后后大约有 _____ 年！

前赵 11年　前秦 35年　后秦 32年　西魏 23年　北周 25年　隋 38年　唐 272年

全世界的唐人街都出自我的"唐"。

汉族的"汉"就是我的"汉"。

你们不觉得China的发音很像我的"秦"吗？

唐太宗　汉武帝　秦始皇

那么多皇帝偏爱西安，那当然是因为西安所在的**渭河平原**是个名副其实的风水宝地！它土地肥沃、交通便利，还有天然的屏障保护！

处在陕北高原与秦岭山脉之间，是一片由渭河中的沙石、黄土经几十万年堆积而成的平坦宽广的土地。

渭河与许许多多的小支流像一根根血管，遍布在渭河平原上，所以这里土地肥沃，可以种出充足的粮食。

渭　河

跟着水流，轻轻松松就漂走了！

渭河平原地处黄河中上游，在没有公路、铁路，出行还依靠步行和马匹的时代，在黄河上乘船出行可方便多了！

渭河平原背靠秦岭山脉，威武的大山可以阻挡军队进攻，是天然的屏障。

黄河

西安

秦　岭

2023年
立冬

现代人用公元纪年

听说在西安一个汉代陵墓里发现了犀牛骨骼，你们的祖宗竟然可以在那么冷的北方生活？

天啊！没有羽绒服、没有暖气，它们冬天怎么熬得下去！

据古书记载，汉唐时期的西安可温暖了，冬天也没现在这么冷！

唐玄宗天宝元年
立冬

从汉武帝开始，皇帝会用有纪念意义的词来代表年，叫作"年号"。"天宝"是唐玄宗的年号之一，天宝元年也就是使用天宝年号的第一年，即公元742年。

《史记》中记载，汉代的渭河流域有千亩竹林，长安的上林苑里还有犀牛、孔雀、大象这些热带地区常见的动物。

天气暖和，我可以一直穿美美的衣服。

我觉得我像杨贵妃一样妖媚。

穿越时空之门，你们将到大唐盛世！请问有需要寄存大衣的吗？

帔帛

襦裙

据《新唐书》《旧唐书》记载，西安的冬天不常下雪。

古代，西安的气候相对温暖潮湿，冬天可不像现在这么冷。
难怪古画里面的唐仕女姐姐都穿得那么轻盈！

7

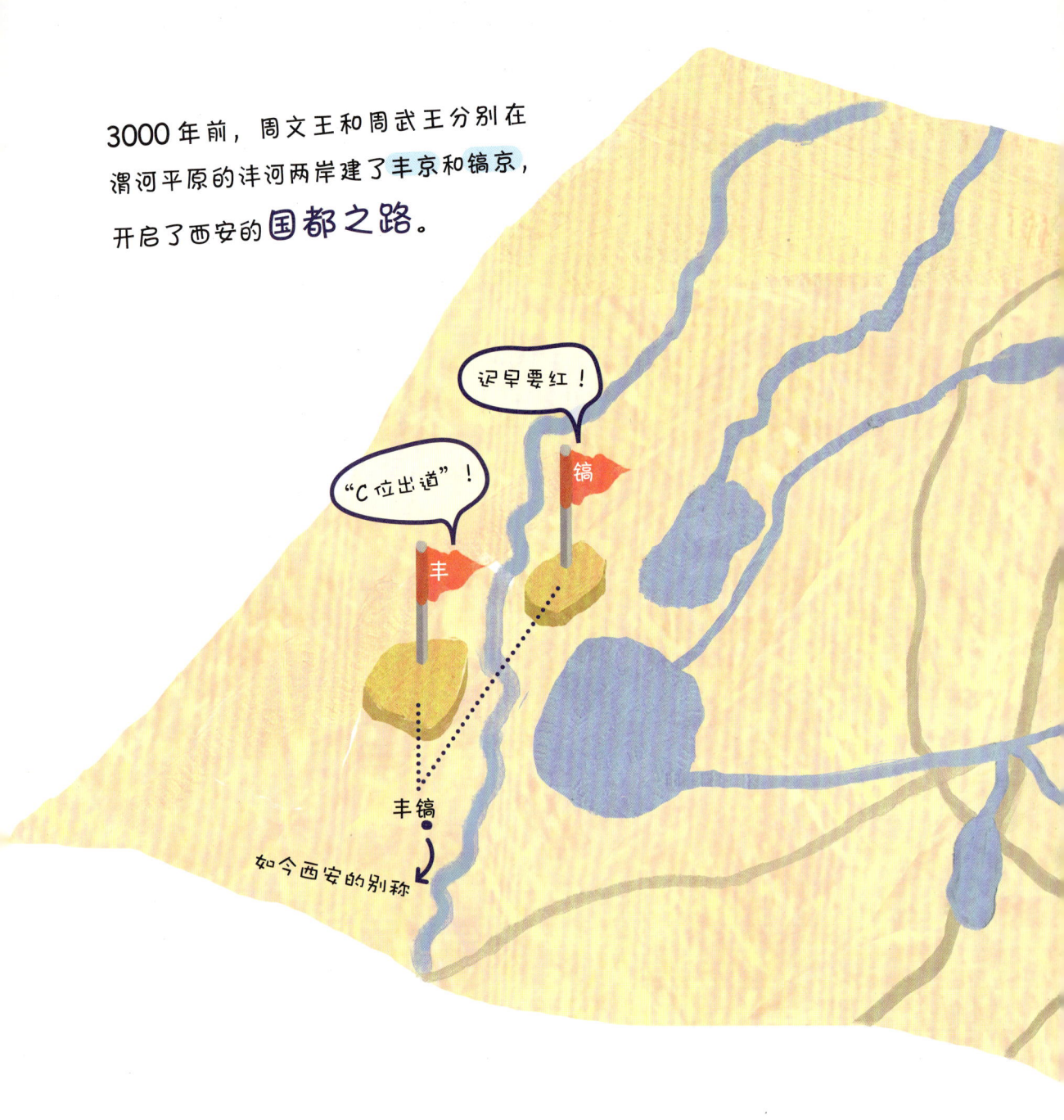

3000年前，周文王和周武王分别在渭河平原的沣河两岸建了丰京和镐京，开启了西安的国都之路。

"记早要红！"

"C位出道"！

镐

丰

丰镐

如今西安的别称

公元前206年，汉朝的开国皇帝刘邦也觉得渭河平原好，便在这里找了块风水宝地建了自己的都城，取名为"长安"。

"长安"就是"长治久安"的意思,多吉利。

刘邦

唐长安城
唐朝的长安城布局整齐,像个大棋盘。它有百米宽的主干道,有富丽堂皇的宫殿,还有许多外国人居住,是一座辉煌壮美的"国际大都市",但这也是西安最后一次作为国家的都城。

汉长安城

创造了一个对称方正的皇城样式,也算是我这种重度强迫症患者对世界的贡献了吧!

宇文恺

隋朝国都的设计者,唐长安城就是在此基础上改建而成的。

明朝西安城还没唐长安城的1/3大呢!

在担任周、汉、隋、唐首都期间,西安都不叫西安,直到1369年明朝时,才终于有了这个名字。

西安

大明宫国家遗址公园

回民街

鼓楼

钟楼

城墙

陕西历史博物馆

大雁塔

华清池

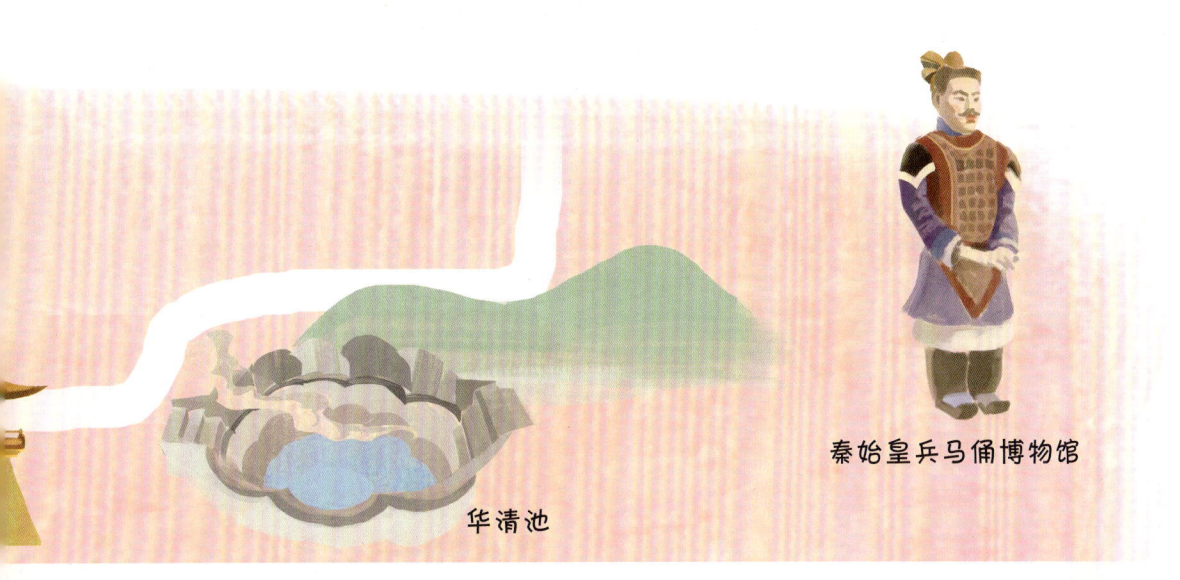

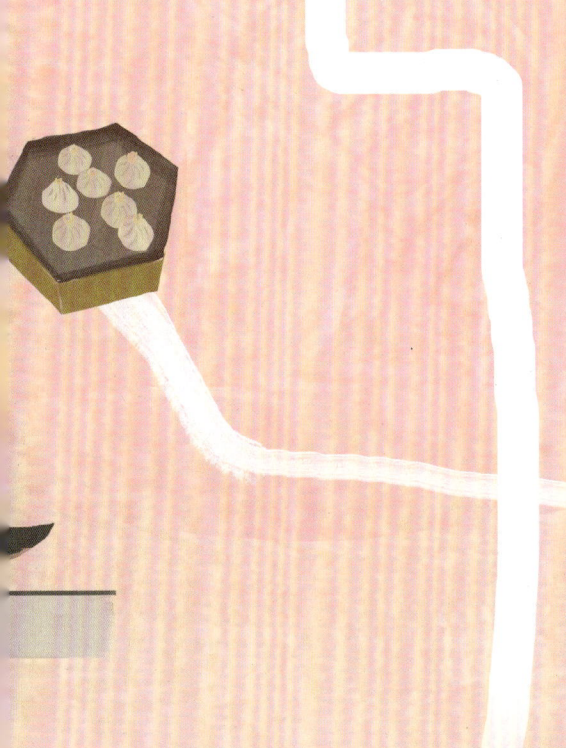

秦始皇兵马俑博物馆

西安就是这么一座古老而又底蕴深厚的城市，来自时间的秘密就藏在城市的各个角落。

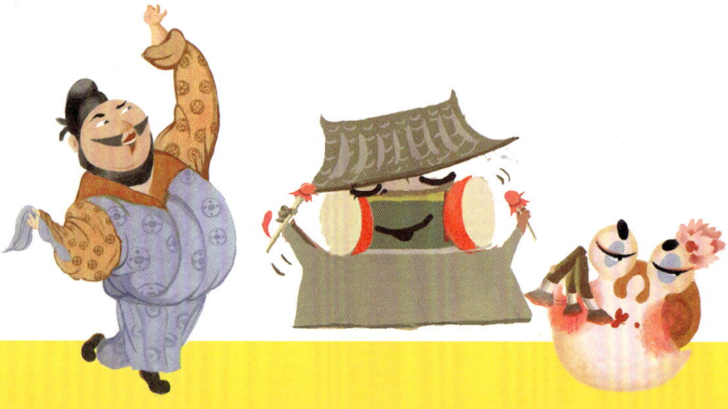

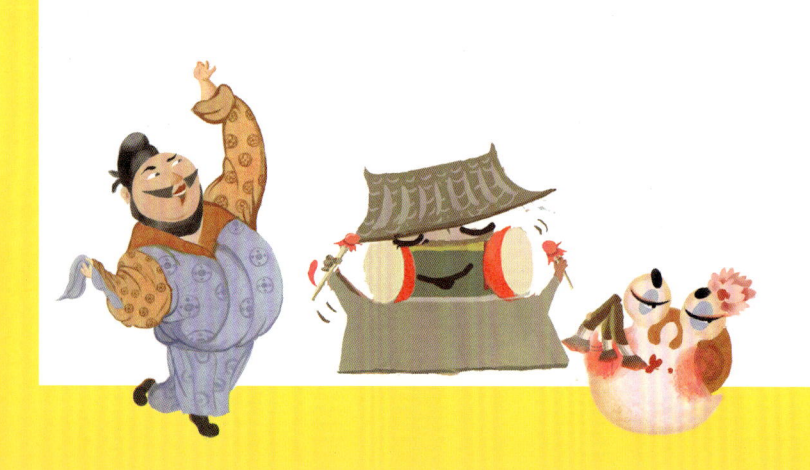

CHAPTER 02

盛世之城

唐代的长安城是西安历史上最浓墨重彩的一笔，它曾是世界上最大、最繁华的都城，常常被当时的其他城市模仿，但从未被超越。大明宫的颓垣、骊山的草木，见证了一个帝国的兴衰历程。

城墙

古城墙是西安的标志性建筑，自1993年开始，西安每年都会在城墙上举办国际马拉松比赛。

始建于明朝，已经有600多岁了，是中国现存最完整的古城墙。

安定门

到了晚上，城墙上会亮起一排红灯笼，真有一种穿越回古代的感觉。从永宁门上还可以看到南大街繁华的夜景。

安远门

西安城墙全长 13.74 千米，如果按照每分钟 60 米的速度，绕城墙走一圈用时约 　　　　 分钟。

长乐门

永宁门

城墙当然就是城市的围墙啦，它围着古代的西安城建造，用来保护住在城内的百姓。

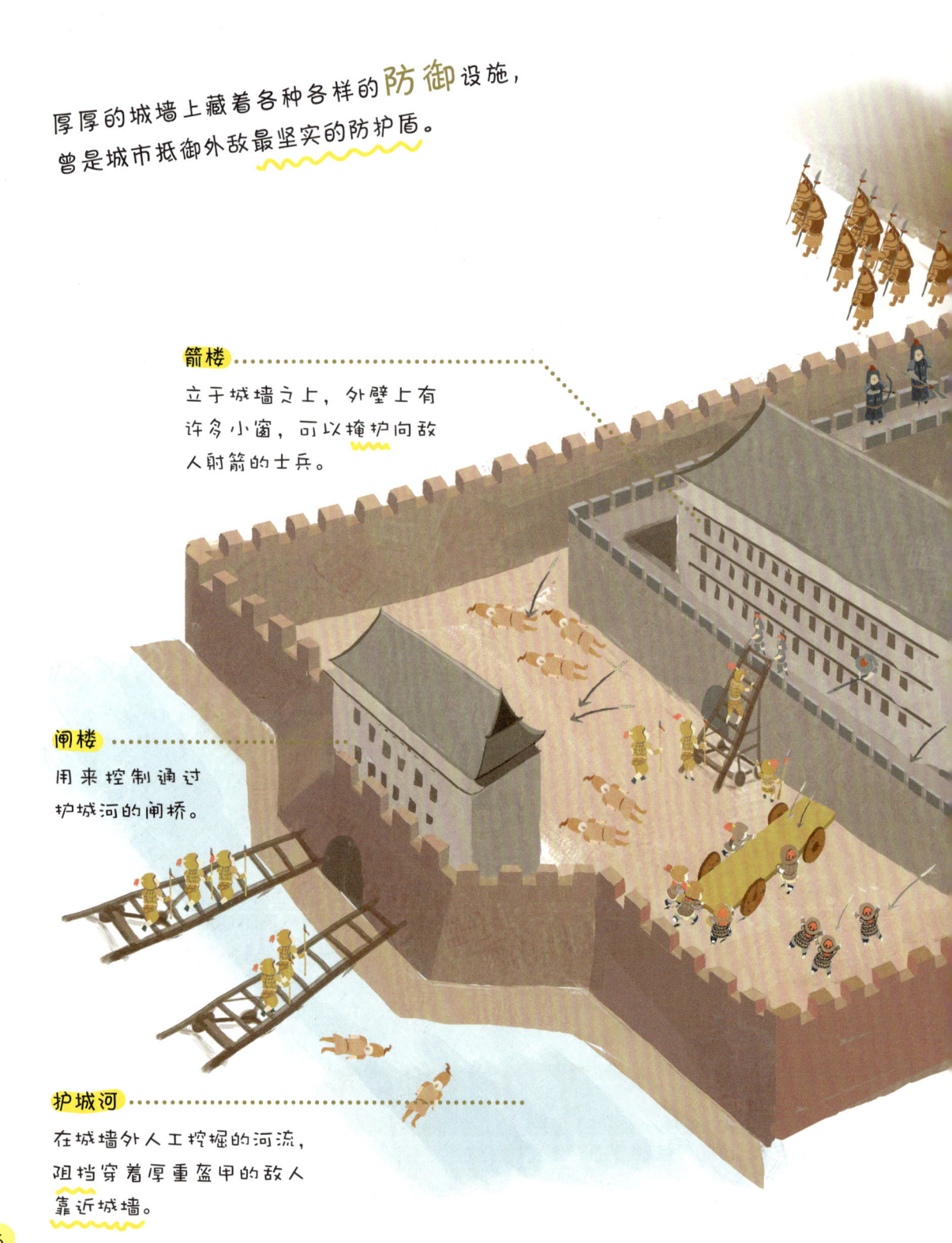

厚厚的城墙上藏着各种各样的**防御**设施，曾是城市抵御外敌最坚实的防护盾。

箭楼
立于城墙之上，外壁上有许多小窗，可以掩护向敌人射箭的士兵。

闸楼
用来控制通过护城河的闸桥。

护城河
在城墙外人工挖掘的河流，阻挡穿着厚重盔甲的敌人靠近城墙。

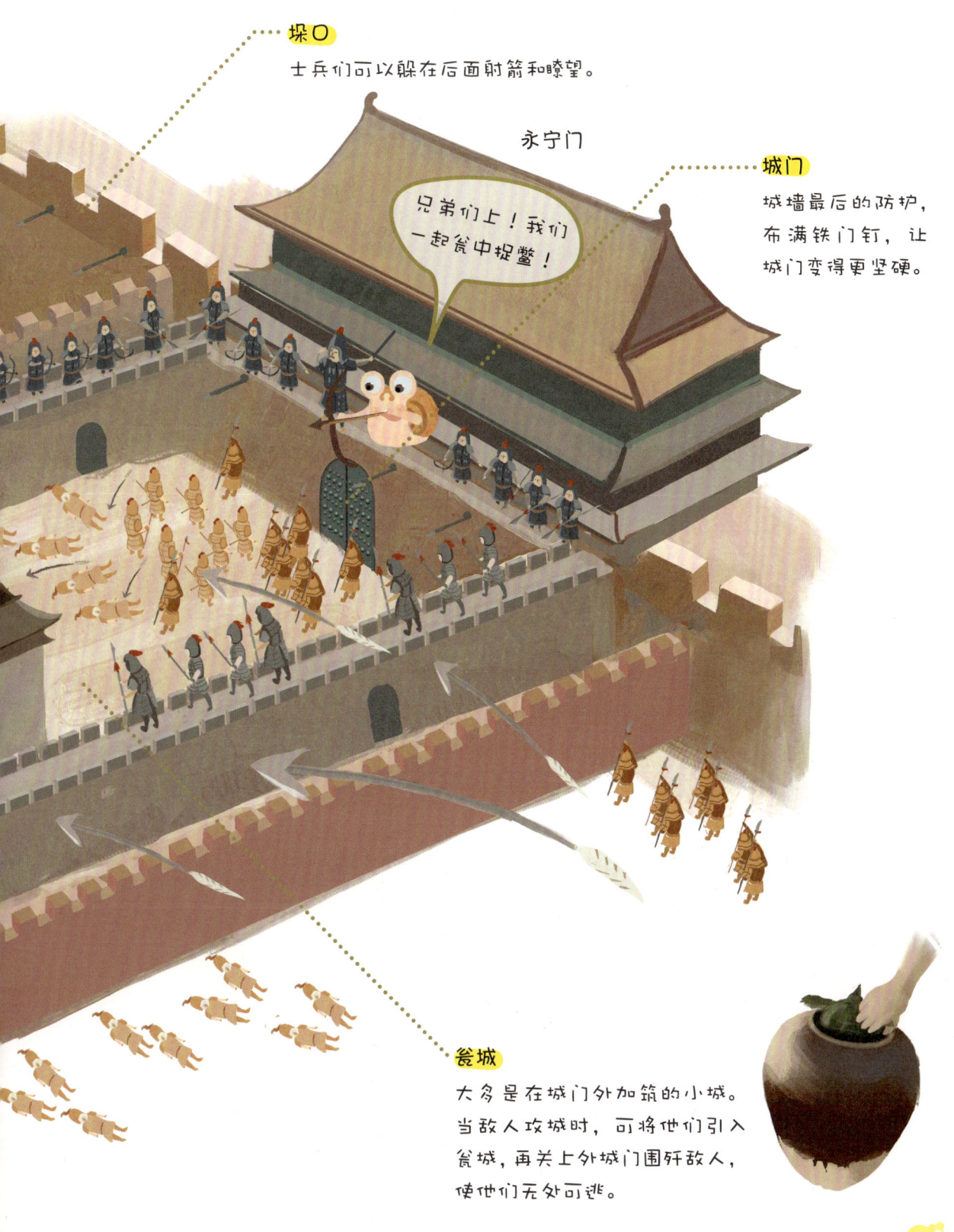

垛口
士兵们可以躲在后面射箭和瞭望。

永宁门

兄弟们上！我们一起瓮中捉鳖！

城门
城墙最后的防护，布满铁门钉，让城门变得更坚硬。

瓮城
大多是在城门外加筑的小城。当敌人攻城时，可将他们引入瓮城，再关上外城门围歼敌人，使他们无处可逃。

钟鼓楼

连接城门的道路往往是城市的主干道,而西安城墙内东、西、南、北四条主干道交汇的"城中心",立着的竟然是一座**钟楼**!

安远门

站在城市的最中间,全城人都能听到我的报时啦!

正方形的攒尖顶

鼓楼

我是钟楼的好兄弟,我们形影不离!

早晨报时先鸣钟,次击鼓;晚上报时先击鼓,后鸣钟。

安定门

钟楼

永宁门

长乐门

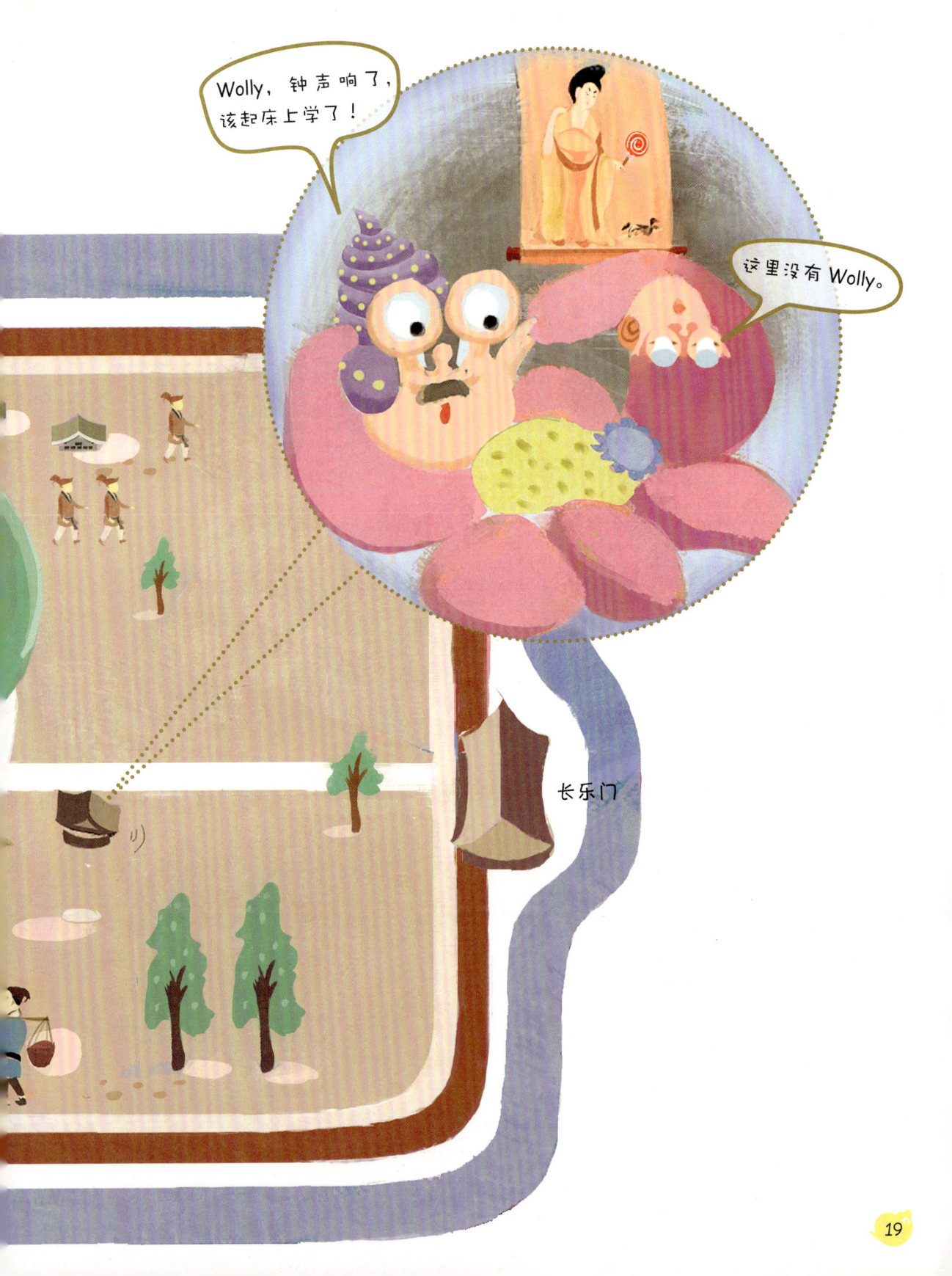

这个钟楼可真没有一点钟楼的样子，它的外墙上没有 12 个小时的钟盘，钟楼里的**景云钟**连个晃荡的钟锤都没有，它究竟是怎么发出声音报时的呢？

请叫我世界名钟先生！

在 1964 年日本举办的世界名钟展览中，景云钟凭借优雅的身段和浑厚的声音取得了第二名的佳绩。

吉祥的瑞兽

祥云

钟枚
可以让钟的声音更好听。

大钟恒久远，一梦永流传喽！

相传，唐睿宗 李旦有天做了个美梦，梦里霞光满天、祥云缭绕。他醒过来后觉得这是个吉兆，就下令铸钟纪念，还把这事刻在钟壁上。

20

哟呵！晃吧！响咯！

卡西莫多
世界名著《巴黎圣母院》里圣母院的敲钟人，长相丑陋又耳聋，但心地善良。

西方教堂里的古钟在钟体内部悬挂钟锤，在钟体摆动时撞击钟壁，发出声音。

景云钟报时的秘密就藏在 空气 里！

哎哟，疼得我瑟瑟发抖！

空气其实是由一个个看不见的 小分子 组成的，它们排着队互相 紧紧地 挨着。

咣——

当 大钟杵 撞击钟后，钟壁就会 震动 起来，这一动，就像碰翻了多米诺骨牌一样，带动它周围的空气小分子一个接一个地 震动。

当震动传到耳朵的耳膜时，大脑就会把耳膜的震动"翻译"成声音，被我们听到！

钟壁的震动会持续一段时间，就成了我们能听到的悠长的钟声。

拨动吉他的琴弦能够发出声音，也是因为琴弦震动了空气！

当按住琴弦，停止震动，就没有声音了。

击鼓时能够发出声音，也是因为我的鼓皮震动了空气哦！

共鸣腔
由鼓皮和鼓身组成的中空内腔，可以放大震动，使声音更响、传得更远。

如果没有共鸣腔，敲击一张鼓皮的声音就小得多了。

600多年前，由于西安城扩建，钟楼被向东移了大约400米，从原先鼓楼的正南面搬到了现在城墙的中心。然而，景云钟却失声了！于是人们又**复制了一口景云钟**，摆在钟楼上。

唐朝的正版景云钟现收藏在西安碑林博物馆。

多少辆大吊车一起，才能把这么重的你吊起来啊？偷偷告诉我吧，我会为你保密的。

哼！才不是你想的那么费劲呢！

看着编号说明书，就跟搭积木一样简单！

古代的木结构房子完全不用钉子和胶水，而是使用榫卯（sǔn mǎo）结构巧妙地让木头连接起来。

搬迁钟楼时，工匠们只需要把榫卯拆开来，编上号，移到目的地后，再重新组装起来就行了。

24

我们常见的板凳就是利用**榫卯结构**制作的。

不用钉子就能连接两块木构件的方式。

榫

卯

凹陷的部分叫卯

顶端凸起的部分叫榫

榫和卯<mark>无论形状和大小都很契合</mark>，所以把它们拼起来，就能组成各种物件。

现代家具通常用钉子固定。

大明宫国家遗址公园

城墙北面的大明宫国家遗址公园曾经屹立着当时世界上最大的皇宫——大明宫，它本是 <u>唐太宗</u> 为父亲建造的避暑山庄。

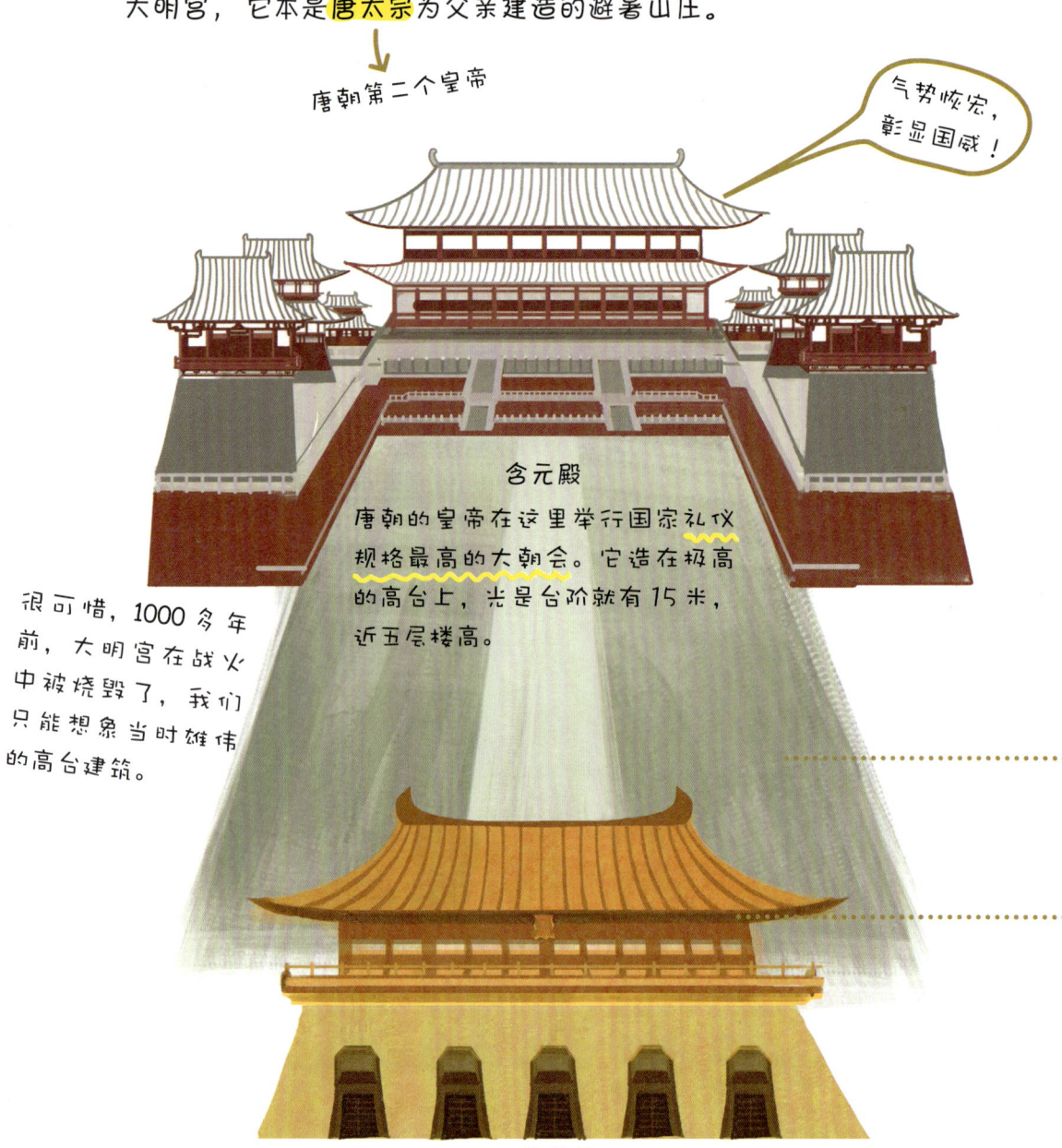

↓ 唐朝第二个皇帝

> 气势恢宏，彰显国威！

含元殿
唐朝的皇帝在这里举行国家礼仪规格最高的大朝会。它造在极高的高台上，光是台阶就有15米，近五层楼高。

很可惜，1000多年前，大明宫在战火中被烧毁了，我们只能想象当时雄伟的高台建筑。

丹凤门
大明宫的正南门，有五个门洞，是古代宫门的最高等级。

后来，这座曾经的山庄被唐太宗的子孙们越建越大，最终成了长安城最华丽的宫殿。

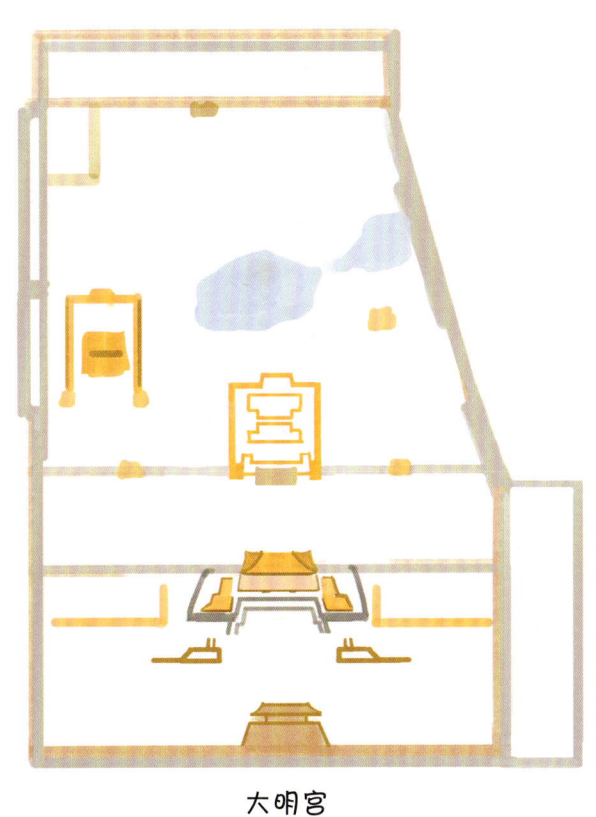

大明宫 ≈ 4.5 个故宫

故宫

大明宫 ≈ 13 个卢浮宫

卢浮宫

大明宫

唐朝佛教盛行，大明宫屋顶上的瓦当和地上的砖都刻有象征佛教神圣性的图案——莲花。

刚用没多久就弯了！

赶紧用脚踩直，敌人马上就来了。

朕就喜欢不一样的风俗文化，欢迎来我大唐做官。

我们对天可汗的敬仰有如滔滔江水连绵不绝，甘愿臣服。

唐朝的武器非常先进，用坚韧的长刀刺剑打了许多胜仗。在同时期的西方，冶铁技术相对落后，他们制作的长刀很软。

太宗皇帝不但征服了很多国家，还赢得了它们的尊重，被尊称为"**天可汗**"。

"可汗"是游牧民族对其首领的称呼。"天可汗"即天下人都臣服的可汗。

唐太宗是一位很了不起的皇帝,他对内推行利国利民的政策,对外不断拓宽疆土,让唐朝版图越来越大。

长安城

唐长安城 ≈ 4个平城京

唐长安城 ≈ 5个君士坦丁堡

位于现在的奈良市西郊,仿照长安城而建。

平城京
日本奈良时代的首都

君士坦丁堡
拜占庭帝国的首都

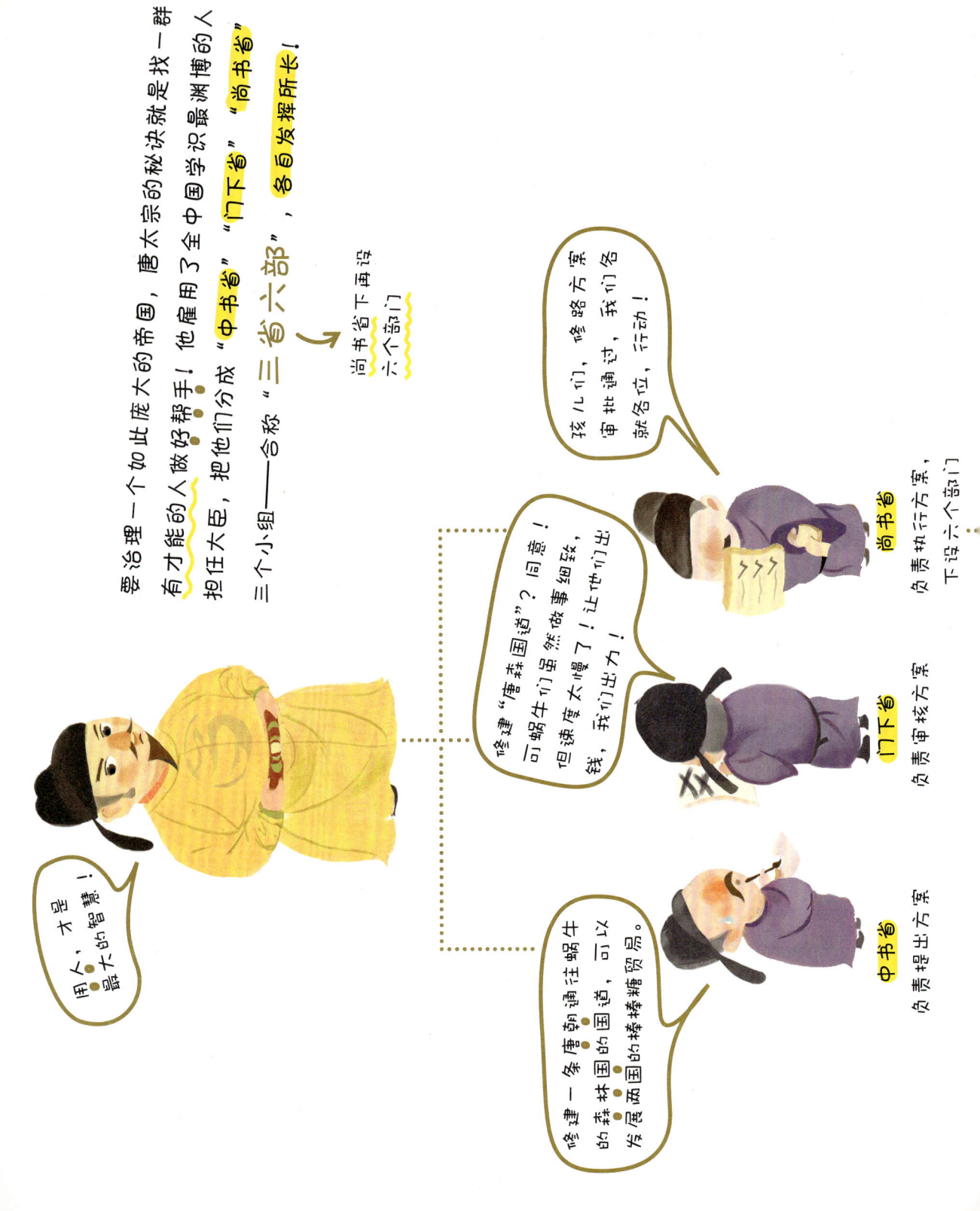

要治理一个如此庞大的帝国，唐太宗的秘诀就是找一群有才能的人做好帮手！他雇用了全中国学识渊博的人担任大臣，把他们分成"中书省""门下省""尚书省"三个小组——合称"三省六部"，各自发挥所长！

尚书省下再设六个部门

用人，才是最大的智慧！

"修建'唐林国道'？同意！可蜗牛们虽然做事细致，但速度太慢了！让他们出去找，我们出力！"

中书省
负责提出方案

"修建一条唐朝通往蜗牛的森林国的棒棒国道，可以发展两国的棒棒糖贸易。"

门下省
负责审核方案

"孩儿们，修路方案审批通过，我们各就各位，行动！"

尚书省
负责执行方案，下设六个部门

兵部
军队

需要我派些士兵协助吗？我们效率很高。

刑部
法院

修路？让我休息一会儿，刚办完一个大案。

工部
建筑院

唐菻国的设计图纸要赶紧出啊！

礼部
公关部 (PR)

我掐指一算，明天就是良辰吉日，举行唐菻国奠基大典正合适！

户部
财务处

菻林国出钱，那我们的国库可以省点银两了。

吏部
人事处 (HR)

我来招人。

魏大人，你就不担心惹皇上生气被处死吗？

虽然很想和Wolly玩，但魏徵说得有道理，唉！

陛下，作为一国之君，要少心至国众百姓，不能贪玩啊！

魏徵 zhēng

唐太宗时期乃至中国历史上最负盛名的谏臣。他不畏皇帝权威，及时指出皇帝的不足，被唐太宗誉为能够照出他缺点的"明镜"。

另外，还有一群谏官，他们专门负责挑皇帝的毛病，督促他勤政爱民，不可以偷懒懈怠。

皇帝能招募到这群满腹经纶、专业一流的官员，不仅因为唐朝疆域广阔能人辈出，还在于那个时候国家有规范的人才选拔制度。有治国才干的人，只要通过科举考试，就有机会做官，进入皇帝的智囊团！

分科目的考试，选拔各领域的优秀人才，一开始有6个科目，唐高宗时废止了秀才科，仅剩5个。

考试科目

进士科
考经文理解、作诗及写讨论时事的议论文的综合性考试。

明经科
考经文理解和写讨论时事的议论文。

明法
考法律

明字
考书法

明算
考算数

唐代文人想要实现治国平天下的宏图伟业，可要走上一段漫漫长路。

读书求学

科举考试
考试在一天内进行，晚上最多自备三支蜡烛，燃尽即考试结束。

金榜题名
在礼部外用黄色的纸公布考中学子的名单。

"慈恩塔下题名处，十七人中最少年。"

我可是17位考中进士的人中年纪最小的！

白居易

雁塔题诗
考中的学子都是万里挑一的人才，他们会去大雁塔题上自己的诗句和名字。

吏部面试
考察貌、言、书、判，也就是外貌、表达能力、写字和是非判断力，通过之后就有机会为国效力。

没有脚也不是我的错啊！

FAIL

那时候，国家兴办了许多很棒的学校，培养各个领域的人才。

治病救人，功德无量！

一手好字就是最赞的名片。

医学

国子监
古代教育机构，以儒家经典为教材，教授做人治国的道理。

书法

违法行为必须得到惩治！

法律

天文

在国子监门口立有大石碑，刻着官方版本的儒家经典文献，供学生核对自己的手抄教材。

能掐会算，夜观星象，预知国运。

33

在所有类别的考试中，考中进士做官的机会最大，所以进士科是当时最热门、也最具挑战性的科目。在当时的读书人看来，没考过进士的人生都是不完整的。

大唐全国统一进士考试日程

考试时间：一天

考试题型：帖经
　　　　　墨义
　　　　　时务策

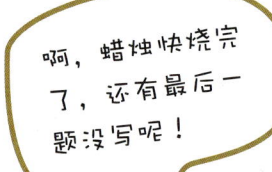

帖经——课文填空

关关雎鸠，
在河之洲，
窈窕淑女，
☐

死生契阔，与子成说。
执子之手，☐

墨义——课文理解

"有朋自远方来，不亦乐乎。"这句话的含义是

时务策——议论文

森林国要制定法律，所有人都不能吃蜗牛，请写出你的想法，并说明理由。

啊，蜡烛快烧完了，还有最后一题没写呢！

张九龄

一些善写诗文的偏科生，会直接拿着自己的诗作，向大官毛遂自荐，以求一个做官机会，这样的诗叫 ==干谒诗==。

推荐自己才能的诗，通常写得比较隐晦。

《望洞庭湖赠张丞相》

八月湖水平，涵虚混太清。
气蒸云梦泽，波撼岳阳城。
欲济无舟楫，端居耻圣明。
坐观垂钓者，徒有羡鱼情。

我写的诗多好啊，让我如那些被丞相您钓起的鱼一般，被您提拔成为官员吧！

孟浩然

八月洞庭湖的水都涨得和岸一样高了，湖面广阔，感觉天和水都混在一起分不清彼此。
天热得蒸腾起湖里的水汽，波涛汹涌似乎要撼动整个岳阳城！
我想要渡这样烟波浩渺的湖，但是我的船却没有桨，在大唐这个圣明的时代，我这个无业游民简直羞愧难当。
闲坐看洞庭湖边钓鱼的人，可惜只能空怀一片羡慕鱼儿之情！

不擅长文科的有志青年，想要为国效力，还可以参加 武举考试。经过项目考核，"武功高强"的人就有机会当武将！

无论文举还是武举，大家都是凭真本事，公平地参加考试。当 ==才华成为考试的唯一评判标准==，国家便可以选拔到治国的人才，有才能的人就有机会发挥自己的才干。

科举考试制度诞生之前，想要做官大多只能"拼爹"，穷苦的人可能永远没有出头之日。

==武举考试==的项目有骑马射箭、跑步射箭、立定射箭、摔跤比赛等。

武举考试中的第一名

👤 **郭子仪**
唐代最著名的==武状元==，安史之乱时挺身而出，之后还平定了多次战乱，让敌人闻风丧胆。

华清宫

在西安的郊区，曾有许多唐朝皇帝的别墅。其中，骊山上的华清宫最受**唐玄宗**与**杨贵妃**青睐，他们经常来这里泡温泉。

这里的温泉水温度适宜，水中还含有许多矿物质，浸泡后可以让皮肤拥有如丝般的光泽。

骊山

"纯黑色马"的意思，骊山外形就像一匹卧着的马，因此得名。

爸比，你快被煮熟了吧！

刚下水时要先用温泉水拍打皮肤，让身体慢慢适应温泉的温度。

温泉浸泡时间不宜过久，20分钟左右就可以啦。

雨水穿过土壤的缝隙渗透到地下。

这些水吸收了地热的热量和土壤里的矿物质。

水流顺着土壤中的缝隙乱蹿，冲出地面的，就是温暖又富含矿物质的温泉水了。

在古代，皇帝们往往有很多很多老婆，他们大多喜新厌旧，今天和这个妃子玩，明天不喜欢她了，又去找别的妃子。

可唐玄宗不是这样，他整天和杨贵妃在一起，都不乐意搭理其他妃子。这位杨贵妃一定很有魅力！

听说杨贵妃是"开元第一美人"，应该长得像我这样端庄苗条吧！

画彩陶女仕俑·唐前期

三彩女立俑·唐开元时期

光是丰满怎么够，瞧我眉黛如画、花钿如露、腮红如晚霞、朱唇如桃花的妆容，这才是美女的妆容呀！

《弈棋仕女图》佚名
现藏于新疆维吾尔自治区博物馆

以美女为题材的中国画

典型的唐朝贵妇形象

"稻米流脂粟米白,公私仓廪俱丰实",我们大唐这么富有,粮食多得连仓库都塞不下了。嘿嘿,吃得多,胖一点儿,才显富态。

哎哟,我的祖奶奶,时代变了,开元年间不流行瘦子,杨娘娘当然是像我这样,这叫丰满!

杨贵妃有我美吗?

彩绘女立俑·唐天宝时期

粉底越厚越好,腮红大又圆才特别,眉毛要短又粗,还要往上翘。

头上再插朵大红花,就算出门遛狗也得打扮精致。

《簪花仕女图》周昉
现藏于辽宁省博物馆

41

唐玄宗才不是个只爱外表的肤浅之人,他和杨贵妃志趣相投,都非常热爱音乐,在一起创作编排了唐朝最有名的歌舞《霓裳羽衣曲》。

> 由唐玄宗作曲,杨贵妃编舞。

梨园

大明宫中的花园之一,里面开满了梨花,唐玄宗喜欢在这里排演曲艺舞蹈,渐渐"梨园"就成了戏曲班子的代名词。

> 在天愿作比翼鸟。
> 在地愿为连理枝。

相传，唐玄宗与杨贵妃于农历七月七日在长生殿盟誓，相约生生世世不分离。

唐玄宗自己也喜欢穿上平民的衣服演戏，还扮演丑角逗杨贵妃开心。为了隐藏自己的皇帝身份，他在鼻子上戴了一块白玉板，这也成了后世丑角形象的由来。

唐玄宗还请唐朝第一大诗人 李白 为贵妃娘娘写歌（《清平调词三首》）!

过去的诗若谱上曲都可以唱出来，也就相当于现在流行歌曲的歌词。

朋友圈

李白
云想衣裳花想容，春风拂槛露华浓。
哎，你们谁懂我的愁。

> 高力士，靴子就有劳你脱一下了。

有花朵般容貌的贵妃穿着如同云霞的衣裳，就像娇艳欲滴的牡丹，美若天仙！

长安·大明宫的后花园　天宝二年（742年）

孟浩然
我懂你啊，小弟，去旅游散个心吧。

李白
回复孟浩然：心有不甘啊！

贺知章
好诗！谪仙，力挺你！

杜甫
男神，我支持你！为你写诗，为你静止，为你做不可能的事。

回复 杜甫：小鬼头，能不能低调点。

44

年少李白隐居山林，饱读诗书，练就一身潇洒如仙的剑法。

青年李白云游四方，增长见识。公元742年，他凭借极高的诗文造诣被玉真公主及贺知章极力举荐给皇帝。

宰相！宰相！宰相！

李白的人生理想是当唐朝的宰相。

是个人才，做翰林待诏吧。

原本是负责掌四方表疏批答，替皇帝写文章的职位，后来慢慢成了因在文学、书画、琴棋等领域有造诣，被皇帝选中待在翰林院中，丰富皇帝业余生活的闲职。

安能摧眉折腰事权贵，使我不得开心颜！

总为浮云能蔽日，长安不见使人愁。

李白不甘心只陪皇帝写写诗、喝喝酒，就写了很多诗文发牢骚，惹得皇帝不开心。公元744年，唐玄宗赏了李白一笔钱，把他打发走了。

李白虽然离开了长安，失意地浪迹天涯，可内心还是牵挂着长安，想为国家做些事。

"贵妃娘娘爱吃新鲜的荔枝，那就让快马彻夜不停地从千里之外的南方运来呗！"

🧍杨国忠

杨贵妃的堂兄，因杨贵妃得宠而飞黄腾达当了唐朝宰相。他非但没有治国的才能，还结党营私、搜刮百姓，做了很多危害国家的事。

"皇上最爱看我跳的胡旋舞了！我的大肚子里都是对皇上您的赤胆忠心啊！"

安禄山

特别善于投皇帝所好，凭借阿谀奉承深得唐玄宗的宠信，成了唐朝边境三大军区的总司令，在当时手握最大兵权。

但是恩爱的唐玄宗与杨贵妃最终没有白头到老。军官🧍安禄山和🧍史思明带着他们的军队造反，攻打到了长安，被后世称为**安史之乱**。危急中，玄宗只好带着贵妃、皇室和将士们逃跑。

> 这荔枝新鲜的代价可都是我那些累死的兄弟呀!

> 哎呀,你们踩坏庄稼,撞死人啦!

他们逃到<mark>马嵬驿</mark>时,满腔怨气的将士们怪皇上宠信贵妃、任用佞臣,才导致眼下的叛乱,坚持要将贵妃和宰相处死。玄宗只能派人处死杨贵妃,宰相杨国忠也死于乱刀之下。

唐高宗李治统治时期，唐朝的版图最大。

唐玄宗李隆基统治时期，史称"开元盛世"。这个时候的唐朝堪称世界第一强国。

贞观之治

唐太宗李世民统治时期，官员廉洁爱民，被称为"贞观之治"。

唐太宗的年号

中国唯一的一位女皇帝武则天

在我的地盘上，我既带兵也管财政，我就是老大！我要建立自己的国家！

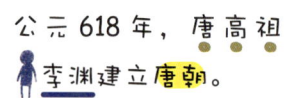

公元618年，唐高祖李渊建立唐朝。

安史之乱中，由于宦官李辅国全力保护唐肃宗，拥护其登基，深得皇帝信任，此后宦官权力越来越大。到了唐朝后期，他们甚至能决定诸如皇帝的继承和废除这种主宰国家命运的大事。

安史之乱后，唐朝走上了下坡路——将领们越来越不把皇帝放在眼里。他们彼此间还常常打仗争夺地盘，搅得百姓生活动荡不安；宫廷里宦官的地位越来越高，甚至把持朝政；官员们也不齐心协力了，整天为了自己的利益吵架，而不顾及国家。

公元907年，唐朝灭亡了。

你已经尽力了！

管你说的对国家有没有用，只要不是我的人，说的都不对。

唐宣宗李忱曾力挽狂澜，消灭了官员党争，削减宦官权力，"大中之治"使唐朝国势略有起色。

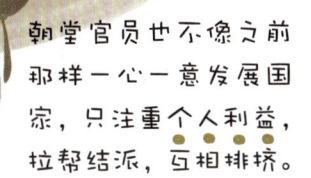

朝堂官员也不像之前那样一心一意发展国家，只注重个人利益，拉帮结派，互相排挤。

公元878年，百姓因不满朝廷的腐败统治及长年战乱，发起黄巢起义反抗朝廷，加速了唐朝的灭亡。

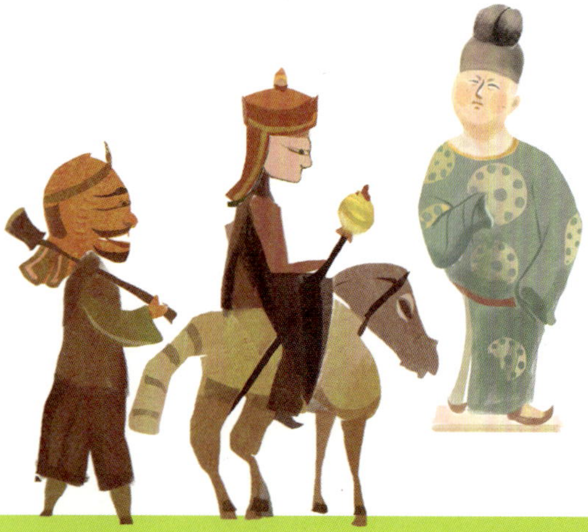

CHAPTER 03

丝绸之路的起点

西安是古代丝绸之路的起点。西方的商人沿着这条贯通东西方的古道，不远万里来到西安购买丝绸，他们带走中国的先进技术的同时，也带来了西方的文化，使当时的长安成为融合了多元文化的世界之都。

丝绸之路

终于可以见识中国的繁华了!

欢迎带点中国特产回去呀!

《职贡图》 阎立本
现藏于台北故宫博物院

国力鼎盛的大唐是当时世界上最强大的国家之一,都城长安也成了全世界的人蜂拥而至的文化之都。1300 年前的长安街头,就有许多外国人。

从女性的生活状态,就可以了解那个时代思想的先进程度。唐朝的女子穿着时髦,还可以穿男装骑马打马球,完全和现代人一个样。

彩绘釉陶戴笠帽骑马女·唐

彩绘陶打马球女俑·唐

三彩男装女俑·唐

国子监里常有前来学习唐朝制度与文化的外国留学生，光是日本就派了近两万遣唐使到中国来学习。

我实在太喜欢贵国的文化了，就让我留在长安效力吧。

阿倍仲麻吕
又名晁衡，唐朝最著名的日本留学生，曾考中进士，担任过"唐朝国家图书馆馆长"等职务。

中日围棋擂台赛
唐朝时期，中日围棋交流频繁，常常举办擂台赛切磋技艺。据记载，晚唐第一高手顾师言曾和日本国第一高手对决，顾师言赢得比赛。

哇，买买买！这可是身份的象征！

波斯人的丝绸都死贵死贵的！

来看看中国的丝绸，顺滑凉爽，柔软亲肤！

君士坦丁堡 → 拜占庭帝国首都

我们拜占庭人也要去中国买丝绸！

休想越界！从中国进口丝绸是我们波斯人的专属权利！

古波斯帝国重要城市 ← 拉伊

凭借地理优势，波斯人曾长期垄断中国的丝绸贸易，高价卖给欧洲人。这引来拜占庭人的强烈不满，成了导致两国战火不断的原因之一。

其中不少外国人满载着金币和货物，翻山越岭沿着"丝绸之路"来中国做生意。

"丝绸之路"上最红的主角当然就是丝绸啦！许多商人争相购买中国出品的丝绸，那是所有西方人梦寐以求的"东方奢侈品"。

喀什　吐鲁番　玉门关　敦煌　酒泉　张掖　长安
莎车　若羌　阳关

丝绸是用蚕宝宝吐的丝制成的，中国人很早就发现蚕茧抽丝可以制成漂亮舒适的丝绸。

卵

蚕蛾
当蛹"变身"成蛾后，破茧而出。

蚁蚕
黑色的幼虫只有不停地吃桑叶才能变白。

蚕
别看蚕宝宝小得连嘴巴也不易看清，它的食桑量却极大，因而长得很快。

蚕宝宝以桑叶作为主食。

叶片呈卵形，有叶尖，边缘都有锯齿，叶柄有细毛，有独特气味。

在真丝睡袋里"变身"为蛹。

蚕茧
"变身"期间的蚕宝宝会非常脆弱，它用吐丝结茧的方式，将自己包围在致密的茧壳当中躲避天敌，自我保护。

相传5000多年前，蚕神嫘(léi)祖并不知道这白白的蚕茧是什么，只当是一个小白果子，就扔到热水里，打算煮熟了吃。没想到煮过的蚕茧竟然变软了，还可以抽出一根根又长又柔软的丝线。

蚕宝宝需要通过蜕皮来不断长大，此时，它们不吃不喝，抬着头就睡着了。蚕的一生一般要经历四次蜕皮，之后进入生命的另一个阶段，改变身体的形态变成一只蛾。

从嫘祖开始，人们大量驯养蚕，用它们的丝制作丝绸。因为蚕丝非常光滑，还特别细，只有发丝的十分之一，所以制成的丝绸也特别柔软，闪闪发亮。

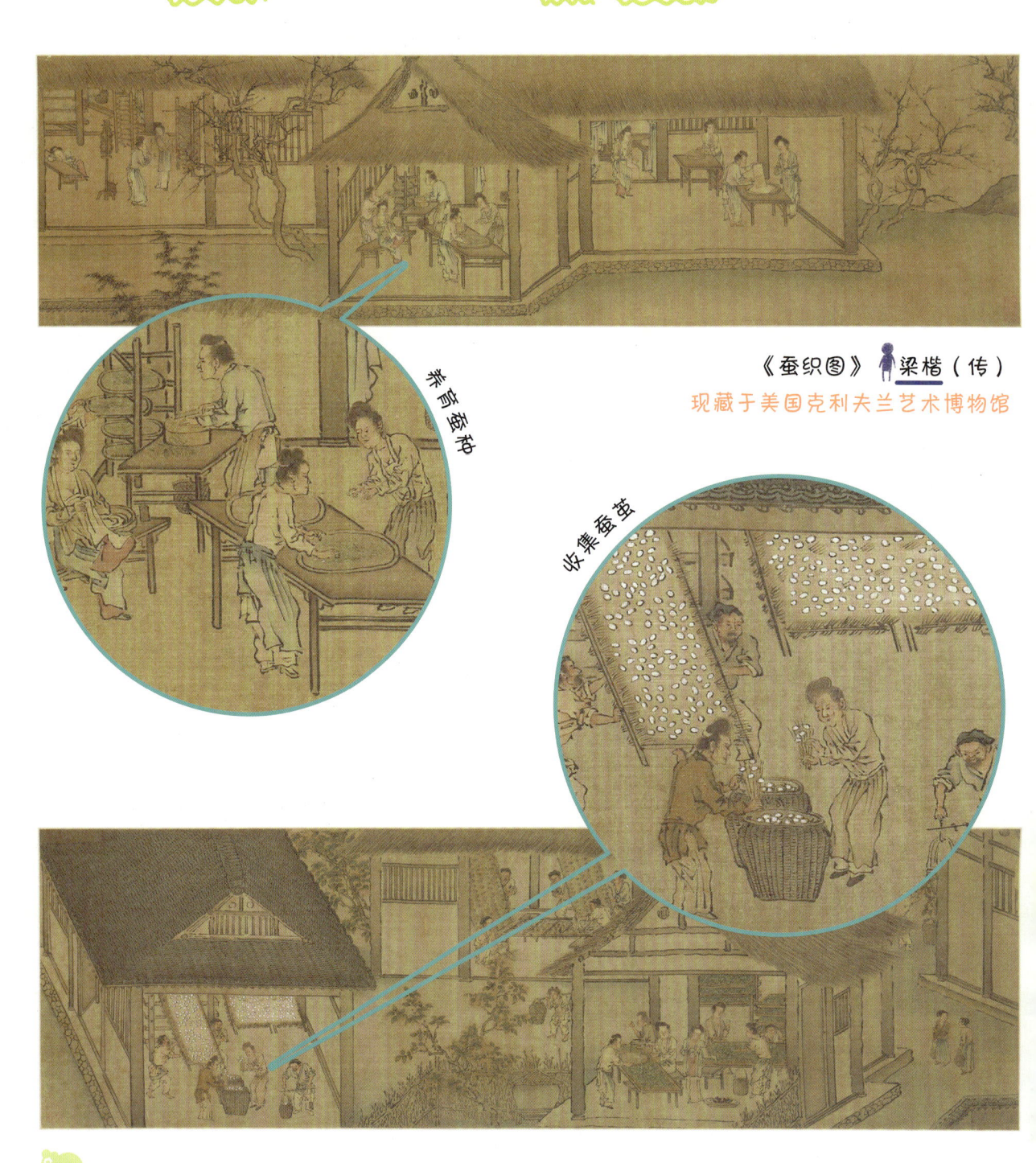

《蚕织图》 梁楷（传）
现藏于美国克利夫兰艺术博物馆

养育蚕种

收集蚕茧

煮茧
将烘干的蚕茧放入水中煮透，使紧密的蚕茧变得疏松。

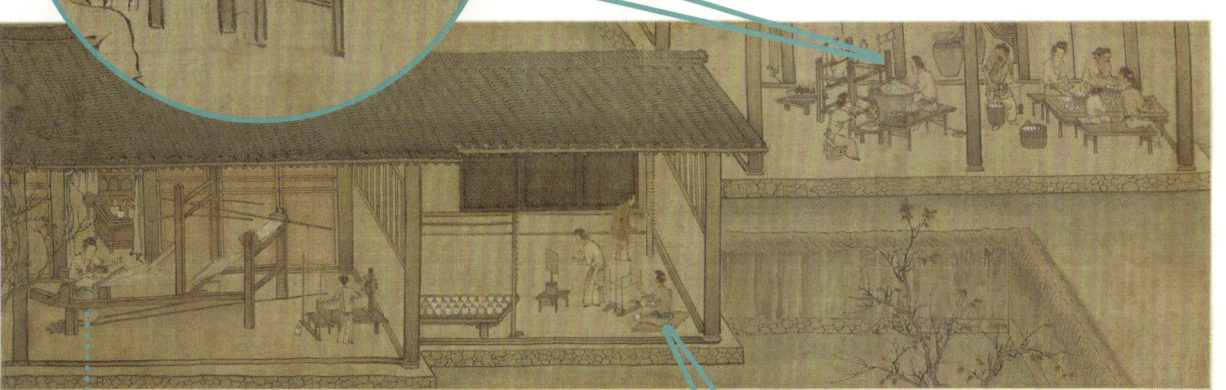

用织布机织成丝绸

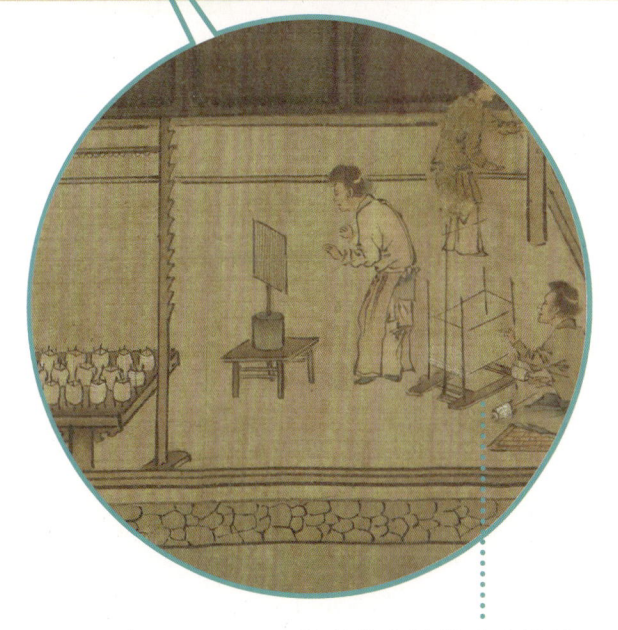

将煮软的蚕茧纺出蚕丝

难怪西方人以拥有丝绸为荣，要不远万里、跋山涉水来中国收购丝绸呢。

商人们把丝绸带去了西方，同时也带去了许多中国的先进技术，大大改善了西方人的生活，比如造纸和雕版印刷的技术。

中国的纸由各种植物纤维制成，比西方人用羊皮制成的书写纸要轻薄多了。而中国人发明的雕版印刷，节约了大量重复抄写的时间。

跟着Wolly游中国

制作雕版时，先在薄纸上写出样稿。

将样稿有字的一面贴在木板上，围绕字形剔除木板上的多余部分，使需要印刷的字体凸起，制成雕版。

跟着Wolly游中国

刷刷刷！

印刷时，先用墨汁刷透雕版。

凸起的文字接触到纸张，便把墨印在了纸上。

将白纸平铺在刷过墨的雕版上，用刷子轻刷，便能印出文字或图画的正像。

跟着Wolly游中国

西市

还有不少商人沿着"丝绸之路"带来了他们国家的食物和商品。长安最繁华的市场——西市集中了近万家商铺,唐朝人不出国门,就可以买到许多外国货!

"丝路"蔬菜,产地直供。来来来,尝个新鲜。

我的大名"菠菜",曾用名"波斯菜",可是地地道道的波斯国菜哦!

我的大名"葡萄"就来源于波斯语的发音,不需要证明了吧。

要吃进口蔬菜,认准"胡"牌!

黄瓜?我可不是黄色的,我的曾用名是"胡瓜"。

落花踏尽游何处，
笑入胡姬酒肆中。

古代对北方和西方各民族的泛称。

这里还有异域风情的演出！

胡姬
在胡人酒肆中卖酒的年轻女子，擅长跳曲调欢快、需要不断转圈圈的"胡旋舞"。

回民街

自丝绸之路开通后，许多西域人涌入长安，不少回民聚集居住在长安的西面，人们便把这片区域称为"回民坊"。如今这里成了西安市最著名、最热闹的小吃街，被统称为"回民街"。

回族人

礼拜帽

回族男子戴的特色帽子。回族妇女一般用头巾、披肩盖住头发、耳朵和脖颈等部位。

因回民曾聚集在此学习汉文化而得名。

小学习巷

大学习巷

北广济街

老西安特产

西北土特产

回坊印象饭庄

清真

正宗肉夹馍

小 皮 院

大 皮 院

明朝时曾是买卖皮具的场所。

西 羊 市

一条很窄的小路,曾经是集中卖羊肉的地方。

高家大院

北院门

化觉巷

化觉巷清真大寺

羊肉泡馍和 **biángbiáng 面**都是可以在回民街里找到的非常**好吃的面食**！

将馍掰碎后放入羊肉汤，和羊肉、葱末、粉丝一起快速烧煮，调味而成。

羊肉泡馍，肉烂汤浓，是暖胃耐饥的佳肴！

自己掰的馍做出来的就是好吃。

我想吃有点韧劲的泡馍，就把馍掰得大一点。

馍掰得小，可以入口即化。

一点飞上天，黄河两边弯，
八字大张口，言字往里走，
左一扭，右一扭；
西一长，东一长，
中间加个马大王；
心字底，月字旁，
留个勾搭挂麻糖；
推了车车走咸阳。

摔摔更有口感！

biang！biang！

biang！biang！

biángbiáng 面因扯面时敲击桌面发出的"biangbiang"声得名。

biángbiáng 面
手工特制的又长又宽又有嚼劲的面条。

相传，有个秀才为了免费吃一碗面，专门为 biang 造了个字。

虽然馍和 biángbiáng 面长得很不一样，但它们都是用面粉做的哦！

北方天气干燥，盛产小麦。和南方用稻米做成的软糯米饭相比，小麦比较硬，非常不易消化。

南方温暖湿润，适宜种植水稻，水稻结出稻谷，稻米煮熟之后就成了软糯香甜的米饭。

聪明的人们把小麦磨成了面粉，再经过众多的工序，就像变魔术一样，做成了饺子、面、饼等各式各样好吃的面食。

在面粉里加入水，揉成面团。

不断揉面，让面粉中的蛋白质充分接触到水，可以使面更加有韧性和弹性。

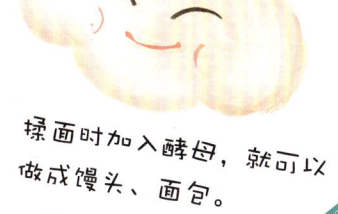

揉面时加入酵母，就可以做成馒头、面包。

酵母发酵时会产生很多气体，让我不断膨胀，变得松松软软的！

扯成长条状的就成了面条。

将面团分成小块，擀成圆的，就成了饺子皮或者馍。

"休息"过后就活力满满，浑身的肌肉都有弹性！

静置面团，完成饧面。

有 2000 多年历史
↑
回民街上的高家大院里，常年有皮影戏演出。在各种打击乐器和弦乐的伴奏中，荧幕上色彩鲜亮的皮影手舞足蹈，可爱又热闹。

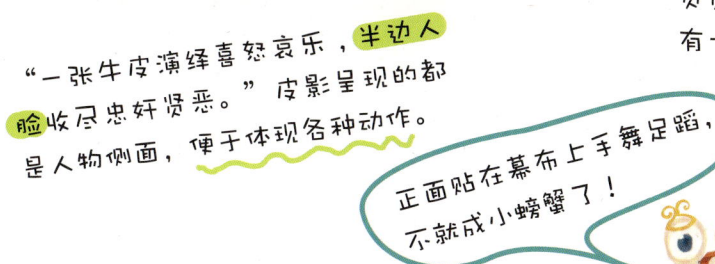

生行

皮影戏中的男性角色，眉毛水平的表示清秀的文人，眉毛竖起的往往是强悍、威武的将军。

净行

也就是大花脸，可以表现性格非常突出的人物。红脸表示刚烈忠勇的性格。

丑行

负责搞笑的小丑角色，鼻子附近有一圈白色。

"一张牛皮演绎喜怒哀乐，半边人脸收尽忠奸贤恶。"皮影呈现的都是人物侧面，便于体现各种动作。

正面贴在幕布上手舞足蹈，不就成小螃蟹了！

从头到脚，影偶的身体可分成 11 个部件，部件间用线连接，使影偶能够活动自如。

板胡

náo bó
铙钹

唢呐

签手
控制皮影动态造型

皮影表演时，一般由三根竹签控制动态造型：一根签控制脖子，两根签控制手。

大锣

过去的戏班只需要五个人就能完成一场皮影戏的演出。

月琴

前声
除了替戏中人配音、唱曲，还要负责弹月琴、打鼓，以及完成演出中的口技。

经药物浸泡并反复刮制后，使皮变得透明，再用刻刀刻出人物的外轮廓，最后上色。

这些表演用的影偶可都是用皮做的哦！经匠人们处理过的牛皮或者驴皮会变得透明，灯光透过透明的影偶，将鲜亮的色彩"印"在幕布上，就成了皮影戏啦！

大雁塔

大雁塔是孙悟空的师父"唐僧"在公元 652 年亲自主持修建的佛塔，这里存放着他千辛万苦从西天求来的"真经"！

指天竺，是佛教的发源地。佛教经由丝绸之路传入中国。

除了佛教梵文经典，还藏有佛像和舍利。

大雁塔北广场有规模巨大的音乐喷泉

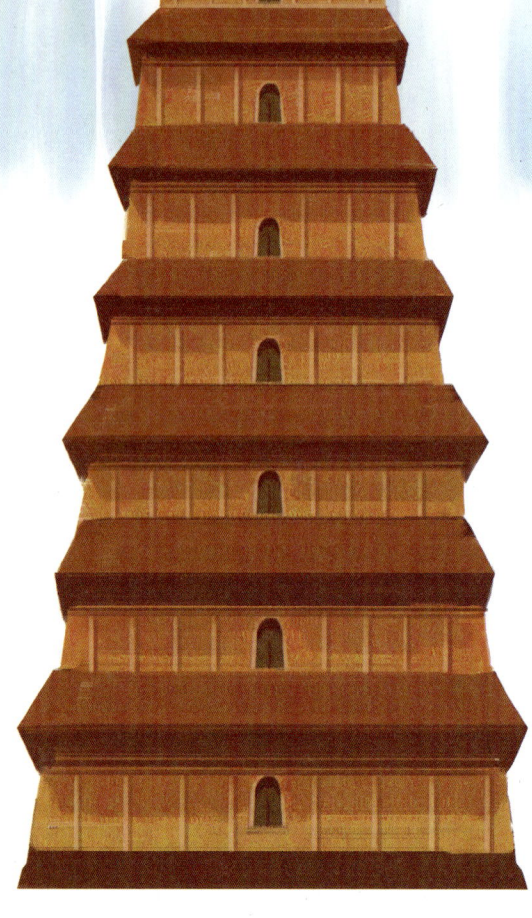

我什么时候有孙悟空这个徒弟的？

大雁塔里可没有大雁。玄奘看到印度有个名叫雁塔的佛塔，便借鉴它的样子造了大雁塔。

佛塔建筑原产于印度，中国人结合了印度佛塔顶端的圆盘塔刹和在中国代表无上权威的楼宇，形成了中国的佛塔。

大雁在哪儿？

到了唐朝，更多佛塔采用坚硬耐久的砖石结构。

日本模仿中国南北朝时期的木质佛塔建造的法隆寺五重塔，保留了中国古代楼阁的特征。

唐朝人模仿大雁塔又建了小雁塔，用来存放另一位高僧义净法师从印度取来的"真经"。

"唐僧"的法名叫作玄奘。他是位很厉害的僧人，十岁起就开始学习佛教经典，不光熟读经书，还游学全国，遍访高僧讨论佛法。他参悟的道理连他的老师们都很佩服，绝对是唐朝时期佛学界的优等生。

可是越是学习，**玄奘**就越是疑惑——他发现不同经书对佛教一些重要理论的讲解分歧很大。于是他想去佛教的 故乡印度，看看原版书里究竟是怎么写的。

当时国内的经书都是从古印度语翻译而来。

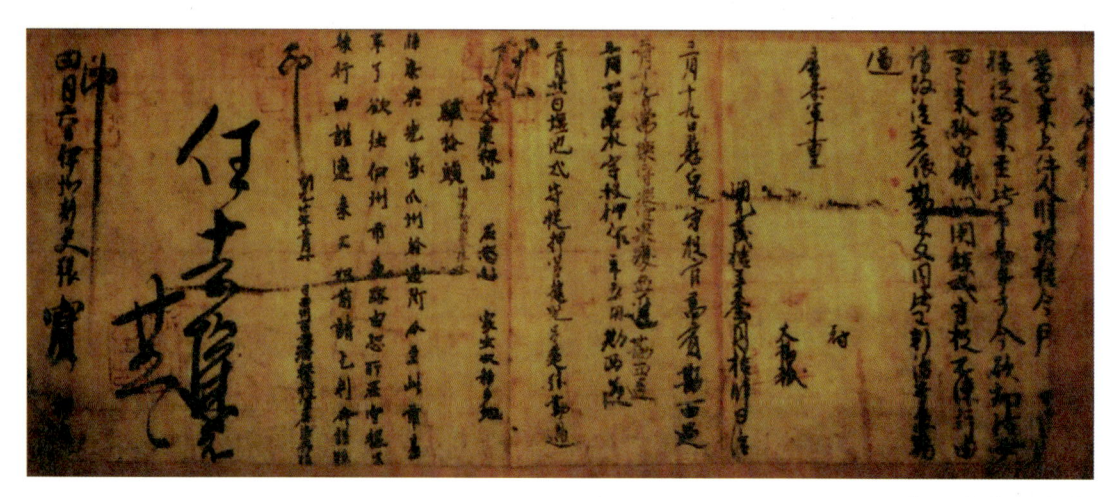

《石染典过所》
现藏于新疆维吾尔自治区博物馆

唐代商人 石染典 到瓜州做生意使用的过所

> 亲爱的陛下，我要去天竺买正版的佛教书，可以赐我一个 过所 吗？

> 山高水远的，大师还是算了吧。

唐代进出关隘的通行证。申请过所需要有担保人证明自己没有犯罪记录，还要写明出关时限、沿途过关名称等信息。

什么都无法阻挡这位优等生的向学之心，即使向官府申请通行证失败，玄奘也要自己想办法，偷偷混出关。

比如，把自己打扮得破破烂烂的，混在难民里出城；又比如在路上讲经说法，凭借自己的魅力出关。

大师，你是我的偶像，我来帮你！

大师，出了这关，就是茫茫沙漠，寸草不生，人畜难以穿越啊！

敢问路在何方？路在脚下！

从大唐往天竺的路真是又长又难走。

一路上有好多好多沙漠，连绵不绝的沙堆都长一个样，让人分不清方向。白天，骄阳晒得脚底的沙子火烫火烫的，好像可以把一切都烤化了。

> 大师，我要喝水！

> 再往前走走，大概就有了吧。

更可怕的是，沙漠里还有强盗，不仅抢人财物，还动辄杀人！

> 做人要为善，好人才有好报啊，南无阿弥陀佛……

> 竟然光念咒就可以引来狂风！

他既没有GPS导航，又不像骆驼长了储水的驼峰，真不知道玄奘究竟是怎么穿越沙漠的？

> 大师，我给你荣华富贵，你就留在我国吧。

> 贫僧从东土大唐而来，只想去西天拜佛求经。

高昌国国王十分钦佩玄奘的佛学修养，邀请他留下来讲学，但是玄奘不为所动。

长安

曲女城

建志补罗

大概有信念加持的人都是超人，玄奘穿越沙漠，翻过高山，花了整整19年的时间，九死一生，终于取得真经归来。

九百年后，明代作家吴承恩把玄奘一路的艰险经历改成了长篇小说《西游记》，还给他编了几个徒弟，这才有了孙悟空！

长老，我这儿有香米饭。

第 ⬚ 回
《⬚》

求雨，比拼定力，隔板猜物，砍头，开膛破肚，滚油锅……

第 四十五 回
《三清观大圣留名 车迟国猴王显法》

猴哥,我不想生孩子啊!

师父,您可千万不可离开这个圈。

第 □ 回

《　　　　　》

看我三昧真火。

第 □ 回

《　　　　　》

这些情节出现在《西游记》中的哪一回呢?请你读一读《西游记》,补全章回名吧。

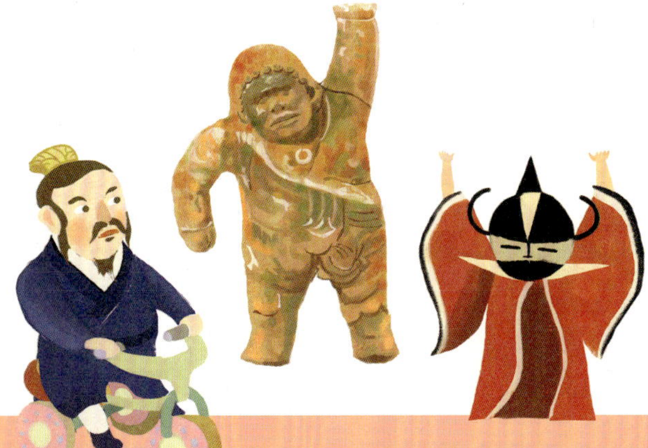

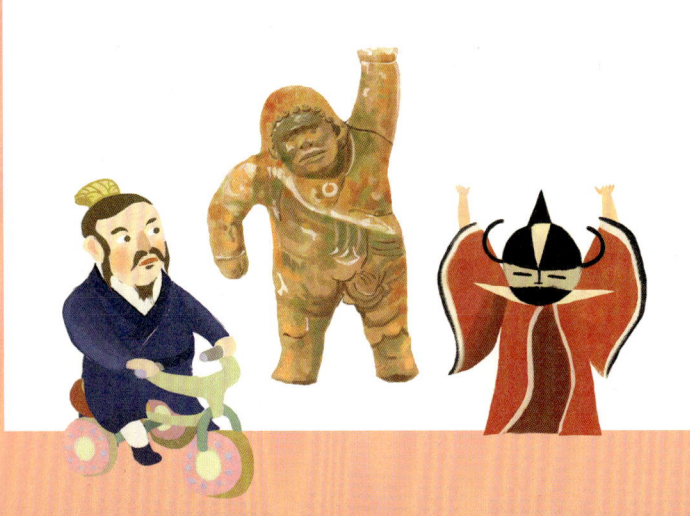

CHAPTER 04

满城尽带宝藏库

西安不做首都很久了,但历史从不曾远去。史前人类的生活器皿、秦始皇的"地下护卫队"、唐朝华美的金银器,这些曾深藏在地下的宝藏,讲述着中华民族的历史渊源。

古都宝藏

因为历史底蕴厚重,西安的地下藏着很多遗迹,随便一挖说不定就能挖出宝贝!

打地基也会"挖开有奖"吗?

走一走迷宫,看看我会挖到什么?

多友鼎

1980年,几个村民在河道旁翻土挖沙,挖着挖着,铁锨竟然被硬物折断——"罪魁祸首"竟是一只周朝的青铜鼎。

1974年，几位西安农民在田头挖井时挖出了一个小土块，本以为是个破瓮子，谁知清理掉外层的泥土后，发现那竟是个用陶土做的脑袋，已经有 2000 多年历史了！

看哥哥我新买的铁锨，瞬间变身打井界的"战斗机"！

你才是石头呢！我可是汉朝皇后合法身份的凭证。

看，水沟边有块石头在发光。

西汉皇后之玺

1968 年，一名小学生在水渠旁捡到一块"石头"，竟是我国目前发现的唯一的汉皇后玉玺。

何家村遗宝

1970 年，西安城墙南边的何家村建筑工地挖出三个灰不溜秋的瓦罐，里面藏着 1000 多件唐代金银器。

秦始皇兵马俑博物馆

后来，经考古人员进一步挖掘，发现这里的地下藏着一支庞大的陶俑军团，那就是大名鼎鼎的秦始皇兵马俑！

哈，我死后也能继续统帅军队！

用陶土制成的，陪葬用的士兵和战马。

兵马俑军团按作战方阵排列。

2号坑
出土陶俑主要为骑兵和车兵，作战时，他们可以从侧面迅速袭击敌人。

3号坑
出土陶俑以将军为主，作战时，他们负责指挥军队。

1号坑
布满列队整齐的步兵陶俑，时刻待命迎战。

木柱

1.75 米

版筑土
经特殊处理的坚硬土堆，支撑起地下庞大的俑坑。

2.75～3.25 米

兵马俑的主人**秦始皇**可是位了不得的人物！

………… 黄土

………… 苇席
………… 木质顶棚

由于年代久远，木头腐坏，顶棚和木柱无法承托土地的重量，朽烂断裂之后压碎了兵马俑，所以这些兵马俑出土时大多都是碎的。后经文物修复师修复拼合，才成了我们现在看到的模样。

在秦朝之前，中国的土地上都是一个个说着不同语言、用着不同钱币的小国家，它们为了获得更多的国土，经常打来打去。其中有一个叫作"秦"的国家，励精图治，从一个不起眼的小国，变得越来越强大。

秦国　燕国　齐国　赵国　韩国　楚国　魏国

公元前221年，秦王嬴政统领军队终于打败了六国中最后一个灭亡的国家齐国，成为天下唯一的君主，拥有了之前六国都不曾有过的最广大的领土。

秦长城

从甘肃到辽东，秦始皇建造了当时世界上最大最长的围墙，来防御敌人，保卫国土。

秦始皇把国家分成一个个郡，并在每个郡设立长官，负责管理这片区域。这种管理国家的方式被后世的皇帝们纷纷效仿。

> 所有官员都是朕的员工，都得听朕的！

嬴政实在太骄傲了，他认为自己的功绩无人能及，比上古神话里的三皇五帝还厉害。于是他给自己取了一个新称号"始皇帝"，意思是他是开天辟地以来中国的第一个皇帝，他的子孙世世代代都将成为中国的皇帝。

"起始"的意思。

既然天下已经是一个国家了，秦始皇就要求全国使用同样的文字、同样的货币、同样的度量标准和同样宽度的车轮轴，这可减少了各地间生活的许多麻烦！

你们都退休吧！用我就能买遍天下！

秦半两

圆形方孔，是秦朝统一使用的铜钱，因重"半两"得名。

秦朝之前各国使用的货币

以后所有"马"都写成我这样！

全国统一使用小篆字体，让各个地方的人都能读懂朕颁布的律法！

其实我也是"马"呀！

秦朝之前各国文字中的"马"

200（cm）

兵马俑本是彩色的，出土时因接触了空气，颜料渐渐脱落，所以现在博物馆展出的兵马俑大多是土灰色的。

红 ············
用天然的红色矿石朱砂着色

黑 ············
用炭着色

150

100

蓝 ············
用蓝铜矿石石青着色

深红 ············
用赤铁矿着色

50

把家里最魁梧的男人画在这里哦！来和将军俑比一比。

哇塞，你比我爸爸还要魁梧耶！

0

92   Wolly

hé
鹖冠

我们是秦朝第一男子天团！

作为天下的主人，秦始皇什么都要最好的。他要最宏大的宫殿，最讲究的出行排场，就连自己的坟墓也要是世界上最大的。

据说秦始皇在他的坟墓里复制了一个大秦帝国——他用宝石模拟日月星辰，水银模拟江河湖海，用数不胜数的陶俑代表秦朝的文武百官。

兵马俑，就是秦始皇坟墓的一部分，7000多个一米八的彪形大汉，在地下保护着秦始皇的安全！

头部需分成前后两半分开烧制。

制作士兵俑时，先用模具烧制好身体的大致轮廓，再手工雕刻出五官、表情，贴上耳朵、胡子、铠甲等所有细节。

最后将身体的各个部分组装拼合在一起，完成。

93

这是一幅整页插图。

zé
帻冠俑

我也想戴顶帽子。

等你立了军功再考虑吧。

胡说八道，我穿的可是帅气的军装！

用巾帕包着头发

无冠扁髻俑

没有爵级的士兵

我明明和你长得一样，为什么就低你一等？

你看我对面那人像不像银行劫匪？

jì
偏左圆锥髻俑

在头顶或脑后盘成各种形状的头发。

偏右圆锥髻俑

秦朝时，右边比左边地位更尊贵，所以梳朝右发髻的人比朝左发髻的地位更高。

这些兵马俑雕刻得十分**精美逼真**，你甚至可以在每个兵马俑叔叔的脑袋上看到发髻上的发丝，或者根据他们不同的打扮，判断他们的军衔高低！

单版冠俑
初级官吏

双版冠俑
中级官吏

有爵位的士兵
立有军功享有爵位，但不是军官

有等级的军官

皮弁(biàn)俑
在秦朝戴皮帽的士兵为骑兵。

鹖冠俑
高级官吏，将军。

95

据说未来的人驭车时手上都握个盘子,盘子还有个好听的名字叫"方向盘"。

握方向盘的感觉会比牵缰绳更好一点儿吗?

驭手俑
驾驶战车的士兵,手里拿着操纵战马的缰绳。

车右俑
与车左俑姿势相反。

车左俑
战车上位于驭手俑左侧的军士,左手持兵器,右手按车。

跪射俑
跪着射箭的士兵。由于跪姿降低了高度，这类陶俑出土时最为完整。

立射俑
站着射箭的士兵。左足纵，右足横，左手像扶栏杆，右手若抱婴儿，是射箭标准的准备姿势。

根据他们不同的姿势，来判断他们在部队中的职责。

陛下，我来保护你！

所以，你的假想敌是蚂蚁吗？

"Pose"一套接一套！

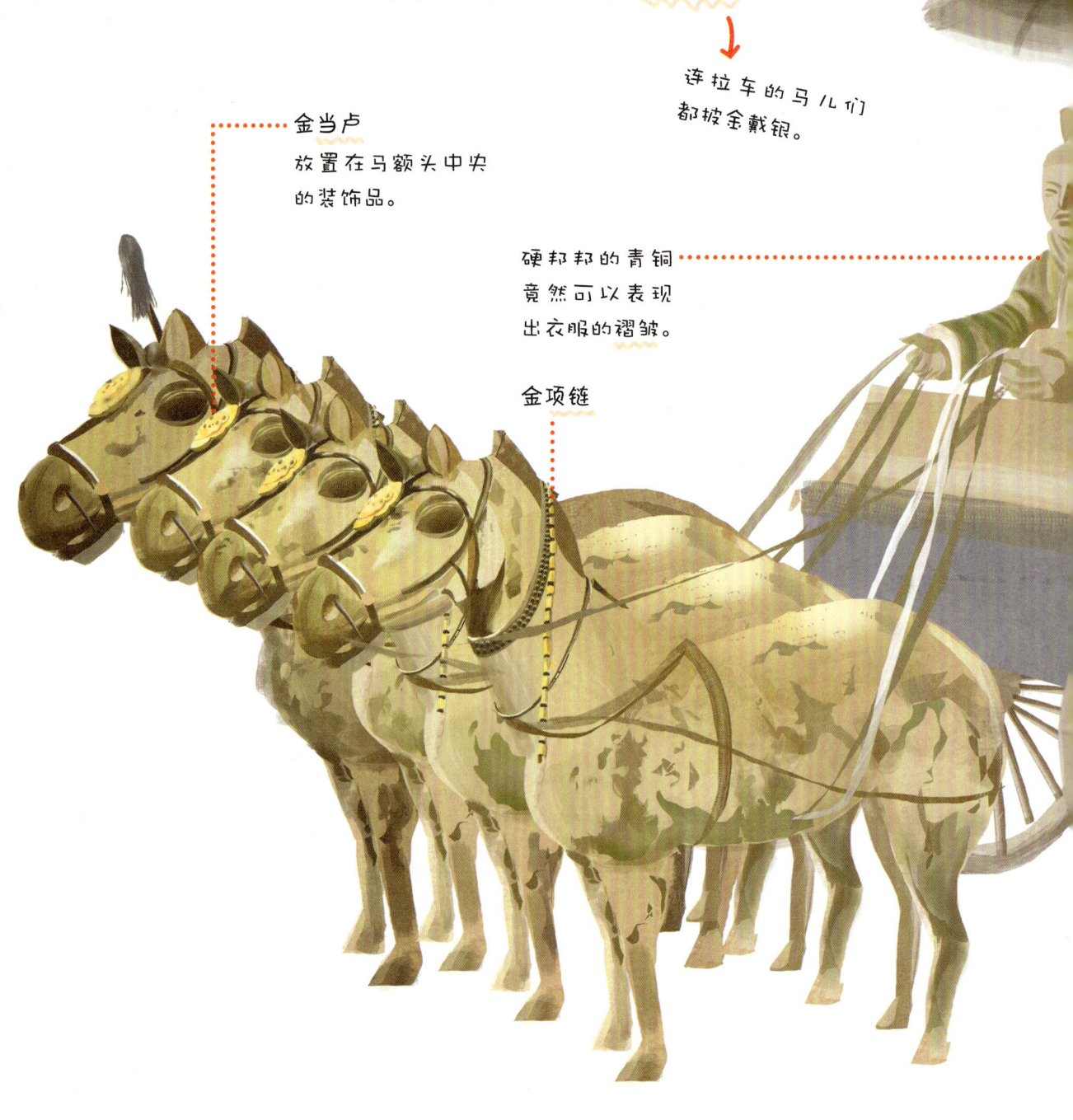

当然也少不了华美的**战车**！看，车马俑真是大气奢华！

连拉车的马儿们都披金戴银。

金当卢
放置在马额头中央的装饰品。

硬邦邦的青铜竟然可以表现出衣服的褶皱。

金项链

二号车：安车
坐乘的车，舒服宽敞，车上还装有可以打开闭合的窗户。

一号车：高车
立乘的车，高大威武，驾驶舱藏着弓弩，随时保护皇帝。

有一回，刘邦遇上秦始皇出巡的大队人马，真是威风八面，他脱口而出："哇！大丈夫就应当有这样的排场！"后来刘邦真的推翻了秦朝，自己做了皇帝。

造这样庞大精美的兵马俑极其耗费人力。不仅如此，喜欢铺张排场的秦始皇还要营建最大的宫殿。他征用了近70万人建造这些大工程，还用非常严酷的法令压迫他们，不按期完成就要被砍头。大家累得喘不过气来，快要活不下去了。

秦始皇不想让百姓读书，他想把民间除了医药、农技类的书都烧光了，把不听他话的儒生和方士都活埋了。他以为这样做百姓们就会很无知，乖乖受他统治。

只有皇宫里有书。

据说秦始皇还把天下所有的兵器收缴起来，铸造成12个铜人，防止百姓反抗他。

谁敢不听朕的话，朕有很多种刑罚让他听话。

公元前209年，陈胜、吴广率先起义，拉开了百姓们推翻秦朝暴政的序幕。两年后，秦朝灭亡了，秦始皇让子孙世世代代都成为皇帝的梦想最终没有实现。

陕西历史博物馆

西安出土的众多宝贝大多藏在陕西历史博物馆中，在这里，能看到从 6000 多年前新石器时代的"西安人"使用的人面鱼纹盆，到 300 多年前清朝的精致花瓶，简直就是中华数千年文明的陈列室。

杜虎符
秦朝

距今 6000 多年

距今 3000 多年

距今 2000 多年

㝬盨方尊
西周

人面鱼纹盆
新石器时代

独孤信多面体煤精组印
西魏

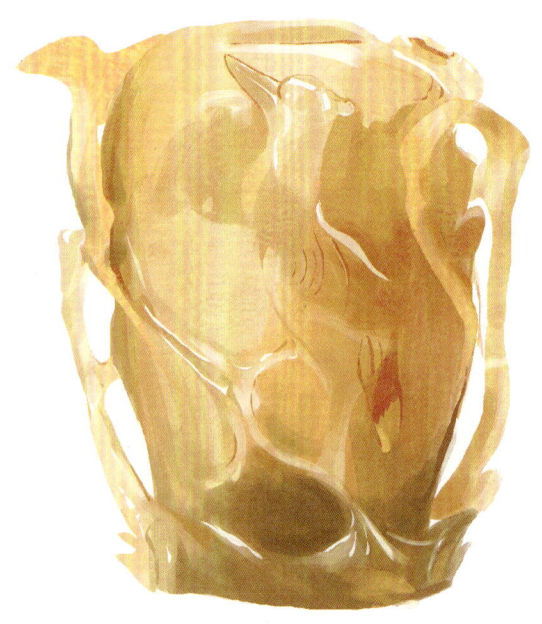

花鸟纹玛瑙花插
清朝

距今约 1800 年

距今约 1400 年

距今约 1200 年

距今约 300 年

葡萄花鸟纹银香囊
唐朝

liú
鎏金铜蚕
汉朝

这个 **人面鱼纹盆** 真是有趣，红色的陶盆内壁，用黑彩画了两条鱼，还有两个奇怪的人——他们头戴尖顶帽，帽子上的装饰有细密的刺，该不会是他们吃剩下的小黄鱼骨头吧！如果让爱戴帽子的英国女士们看到，她们一定会称赞这顶帽子酷炫又有创意！

巫师的嘴上衔着两条小鱼。

凿有两个小孔，方便死去孩子的灵魂自由出入。

嘿，我可是巫师！鱼神啊，快来附在我身上，保佑这孩子早日转世！

用来盖在埋葬早逝婴孩的瓮棺上。据说，将画有巫师的陶盆倒扣在瓮棺上，可以代替巫师作法，祈求婴孩尽快转世降生，使部族人丁兴旺。

鱼可是 **新石器时代** 人们非常崇拜的动物呢！因为当时的人靠狩猎和采集蔬果为生，部落里聚集的人越多，就越有机会得到更多的食物，所以人们希望能够像鱼一样 **生育很多很多孩子**，就把鱼奉为神灵！

瓮棺葬

鱼妈妈一次可以产下成千上万粒鱼子！

如果我们不生那么多孩子，只怕鱼就要灭绝了吧！

作为一条鱼，成长过程中要经历多少考验呢？说起来都是泪啊。

考验1
作为一粒小鱼子，没有父母的保护，被大鱼吃掉。

考验2
从鱼子中孵化出来后，作为一条小鱼，被大鱼吃掉。

考验3
作为一条金鱼王，还不能被人类或者其他动物抓到！能"长大成鱼"的，都是鱼界的幸运儿！

陕西历史博物馆的**杜虎符**是2000多年前秦朝使用的**兵符**。

用于调动军队的凭证，一般会分成两半，一半由皇帝保管，一半由将军保管。

古时候可没有电话机，皇帝给远在戍边的将领下令，还需要人工送信，为了防止有人假冒皇帝的旨意，皇帝和将军之间就用虎符作为暗号。

两半兵符都凹凹凸凸的，只有真正配对的兵符才能完全严丝合缝地合上。

确认过凹槽，那就是陛下的命令，不会错。

人们说的"符合"是不是就源自我们呢？

铁人两项成绩单

	百米赛跑	牙齿力量	综合排名
老虎	5秒	500千克	1
人	10秒	50千克	2
蜗牛	10小时	0.1千克	3

目前出土的**秦朝兵符**都是老虎形状的，或许是皇帝希望他的军队能够像老虎一样勇猛！

老虎是亚洲的森林之王，它们速度惊人，猎物很难逃脱。咬合力是人类的十倍，一旦被它咬住就很难挣脱。

> 华南兄，你可千万要挺住啊！不然我们的军队代言权就要转让给非洲狮了！

中国主要有两种老虎。

东北虎
生活在寒冷的东北，体形庞大，又厚又长的皮毛可以御寒。

> 人类贪爱我的皮毛，将我赶尽杀绝。

华南虎
原本生活在温暖的南方，毛短色深。由于被捕杀盗猎，野生的华南虎已灭绝，是濒危物种。

秦汉时期调兵，使用虎符

森林之王老虎的兵符代言人宝座，在唐代让给了鱼——唐代的兵符被做成了鱼的样子。这可不是因为唐朝人羡慕鱼能够有很多很多宝宝，而是唐朝的皇帝姓"李"，和鲤鱼的"鲤"同音，所以鱼就成了吉祥的象征。

唐朝调兵，使用鱼符

两块鱼符的内部，分别刻有凹凸的"同"字，合在一起可以检验两半是否吻合。

中缝处刻有"合同"二字，两半鱼符分开后，每只鱼符只有半边字，合在一起才完整。真像我们现在合同上的骑缝章。

现代使用高速便捷的**电话和网络**

近代使用**电报**传递军令

19世纪末，李鸿章在天津办起了电报局，电报发送的迅捷"秒杀"所有用人力传递命令的方式，电报就此取代了古代调兵的符牌制度。

宋朝调兵，使用**令牌**

宋朝及之后的令牌用途更广，除了用作发兵的密令，也用作出入军营、皇宫的"门禁卡"。宋高宗赵构从前线调回抗金名将岳飞，使用的就是十二道"金字令牌"。

参见《跟着 Wolly 游杭州》第37页

109

在陕西历史博物馆里还有许多**陶俑**，这些俑和兵马俑一样，都是古代墓葬品。

东汉骑马武士俑
汉朝的马可真是"小短腿"。

汉拱手男立俑
身着汉服，表情严肃，显得庄重而内敛。

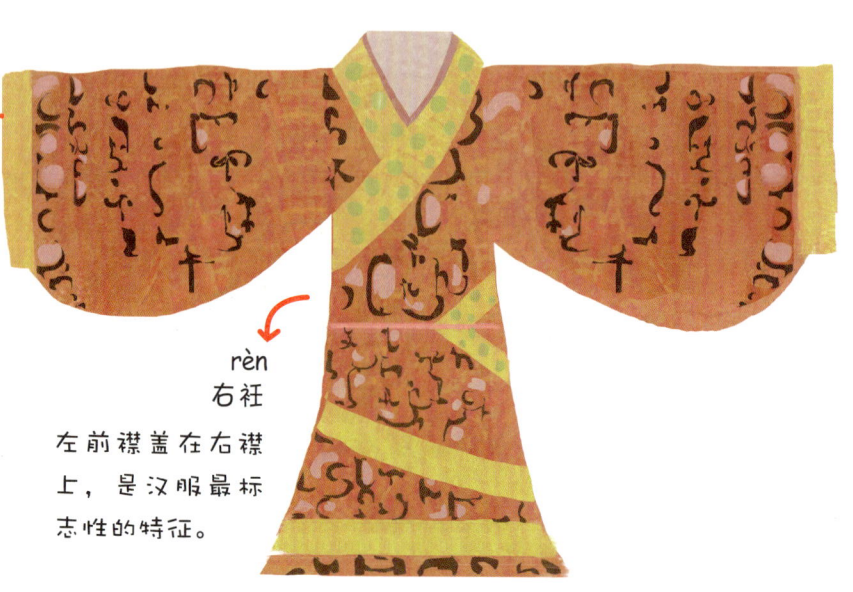

rèn
右衽
左前襟盖在右襟上，是汉服最标志性的特征。

曲裾汉服

衣服的大襟

古人相信人死后会去往另一个世界，为了让自己在那里也能过上尊贵、舒适的生活，很久以前的达官显贵们就逼迫服侍他们的人陪着自己死，这样，他们在死后也有侍从服侍。

被称为"殉葬"

西魏彩绘武士俑
表情丰富，显示出开放自由的魏晋风度。

唐代黑陶胡人力士俑
黑面卷发，做托举的姿态。

唐代褐彩胡人俑
窄袖大领，是典型的胡人服饰。

长安的街头有不少外国人，唐朝陶俑中也有不少外国人呢！

但是人们逐渐意识到让活人陪葬太残忍，便开始用精致的陶俑来代替活人。

骆驼因为能驮重物，并且可以几天不喝水地赶路，成了古代"丝绸之路"运货的主力军，其形象也经常出现在唐代的各种艺术作品中。

7位男乐俑

58厘米

41厘米

我们是大唐巡回乐团！

哇，他们演奏的音乐太美妙了！

全名叫作"唐代三彩釉陶器"

大名鼎鼎的唐三彩也是唐代的一种随葬品，虽然叫"三彩"，但唐三彩才不止三种颜色呢！你看看这尊**三彩载乐骆驼俑**，上面就有白色、浅蓝色、深蓝色、棕黄色、绿色……

唐朝之前的陶器
不施釉，颜色少且暗。

唐三彩双鱼瓶
施釉，颜色多且明艳。

涂在瓷器、陶器的表面，经烧制后可使器物具有玻璃般的光泽。

"三花"是在马鬃上精心修剪后形成三缕蝶操状的鬃毛。

三彩三花马
头小、臀圆、腿长，是典型的良马造型。

三彩钱柜
柜面上有盖，盖边还有一个投钱的小口，这就是小猪储蓄罐的古代版本嘛。

三彩西瓜

唐三彩的"三彩"其实是多彩的意思啦。它的釉含铅的成分,所以在烧制过程中釉会向四周扩散流淌,从而使颜色互相浸润交融,形成更丰富的色彩,非常漂亮。

先用白色黏土捏出形状。

我来制作一匹唐三彩骏马。

入窑烧制。

烧制成型后涂上釉彩。

二次入窑,烧制上色。

黄、绿、白是唐三彩最常出现的三种颜色。

请为这匹三彩马涂上颜色吧。

高 14.8 厘米

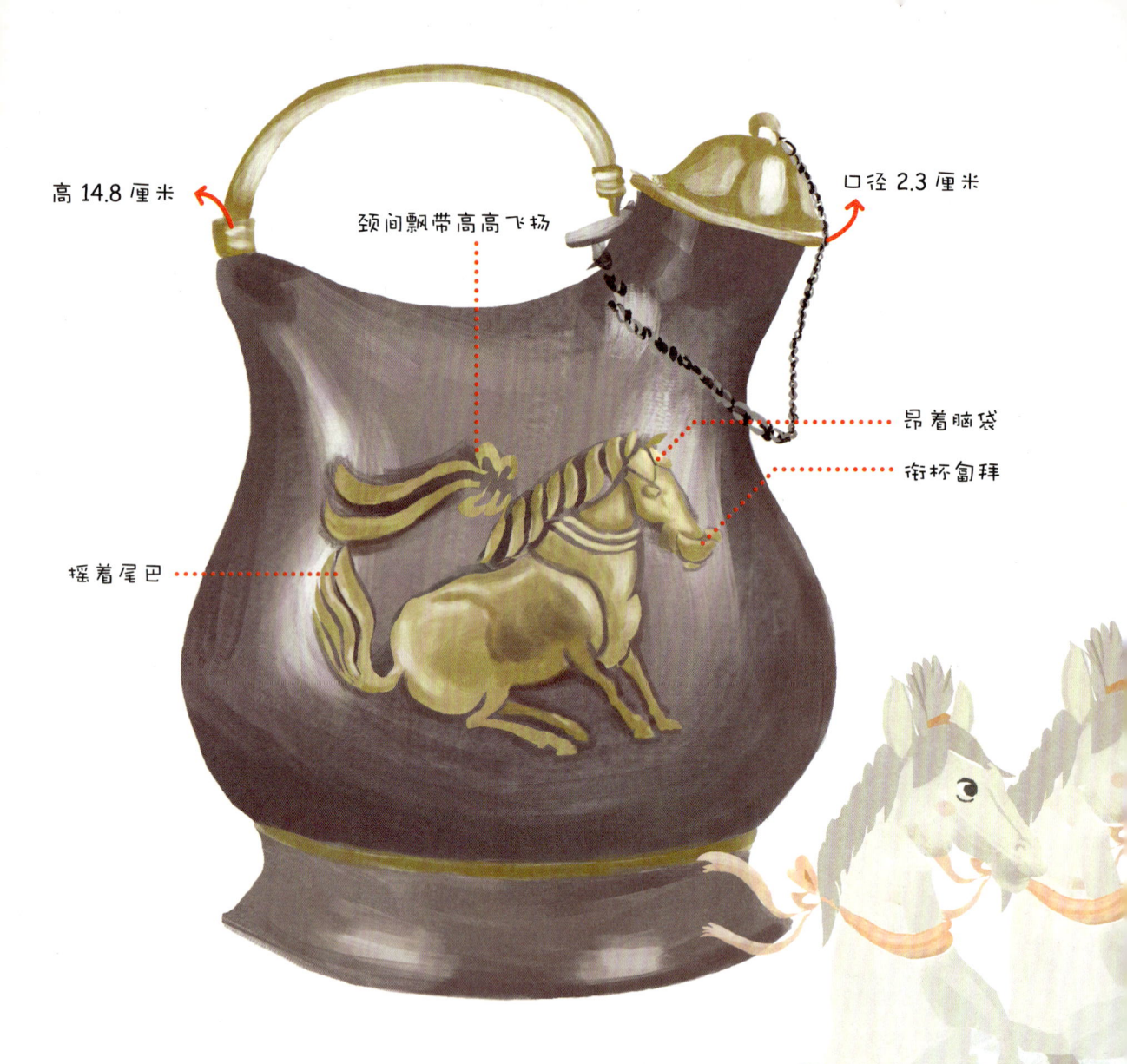

颈间飘带高高飞扬

口径 2.3 厘米

昂着脑袋

衔杯匍拜

摇着尾巴

在唐代的 **鎏金舞马衔杯纹银壶** 上，刻着一匹造型奇特的马，这不是北方驰骋草原的马，而是唐代宫廷特别训练的 舞马。

会旋转奔跃跳舞，还会口衔酒杯为皇帝敬酒祝福。

连百兽都送来祝福，朕开心，都赏你们了！

金开元

用金仿照当时铜质货币"开元通宝"铸造，不能流通使用，主要用作皇帝赏赐或者皇室贵族游戏时使用。

皇上万寿无疆！

你们竟然会跳舞！

你能踏着飞鸟跑步？你也练过杂技？

铜奔马

现藏于甘肃省博物馆

汉代铜奔马，以其标准的宝马之形闻名于世，被原国家旅游局确定为中国旅游标志。

Jun jun
内容总监

秋旻
脚本设计＆文案

WYY
插画师

蜗乐居 工作室

Boss
主编

喵
视觉总监

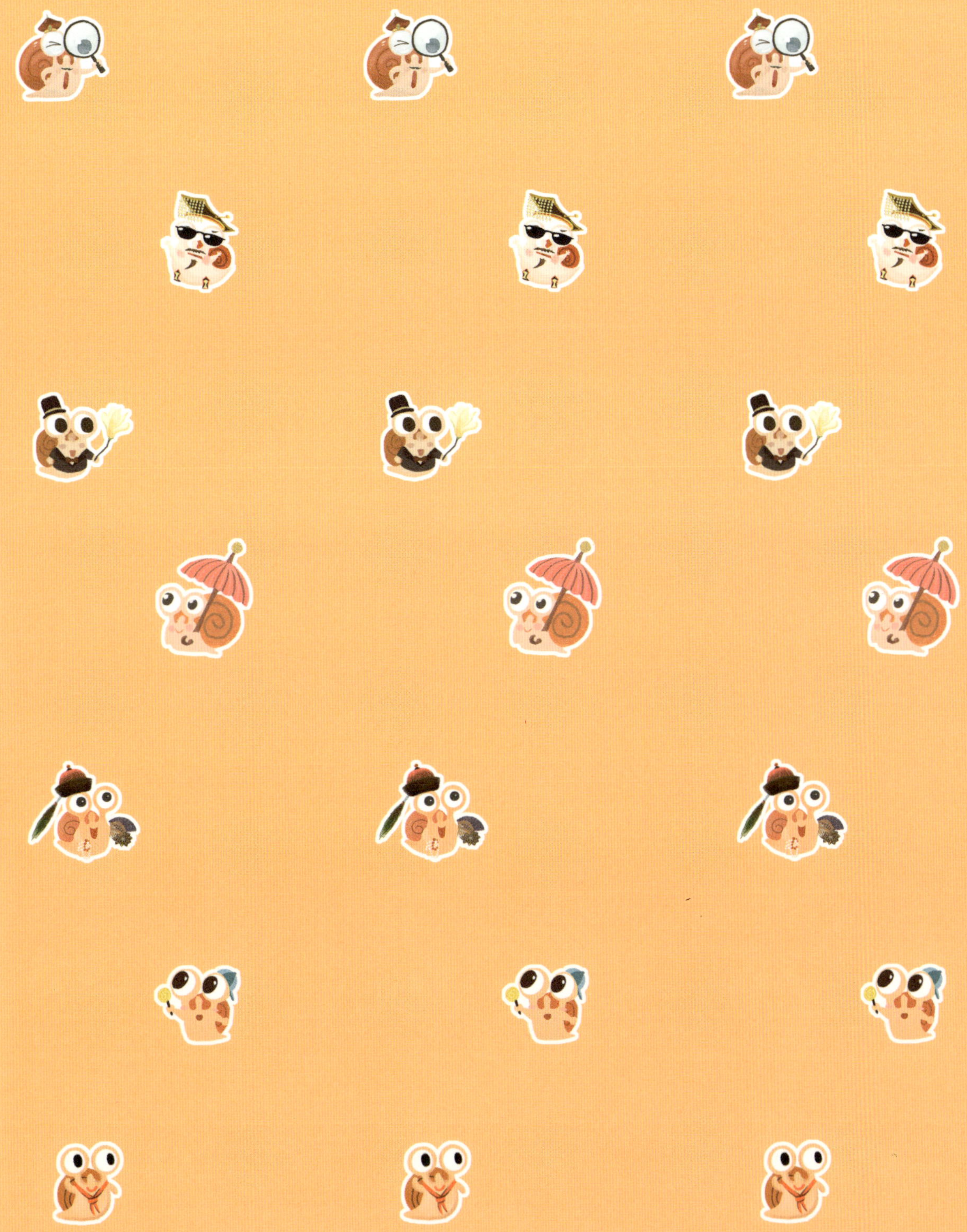

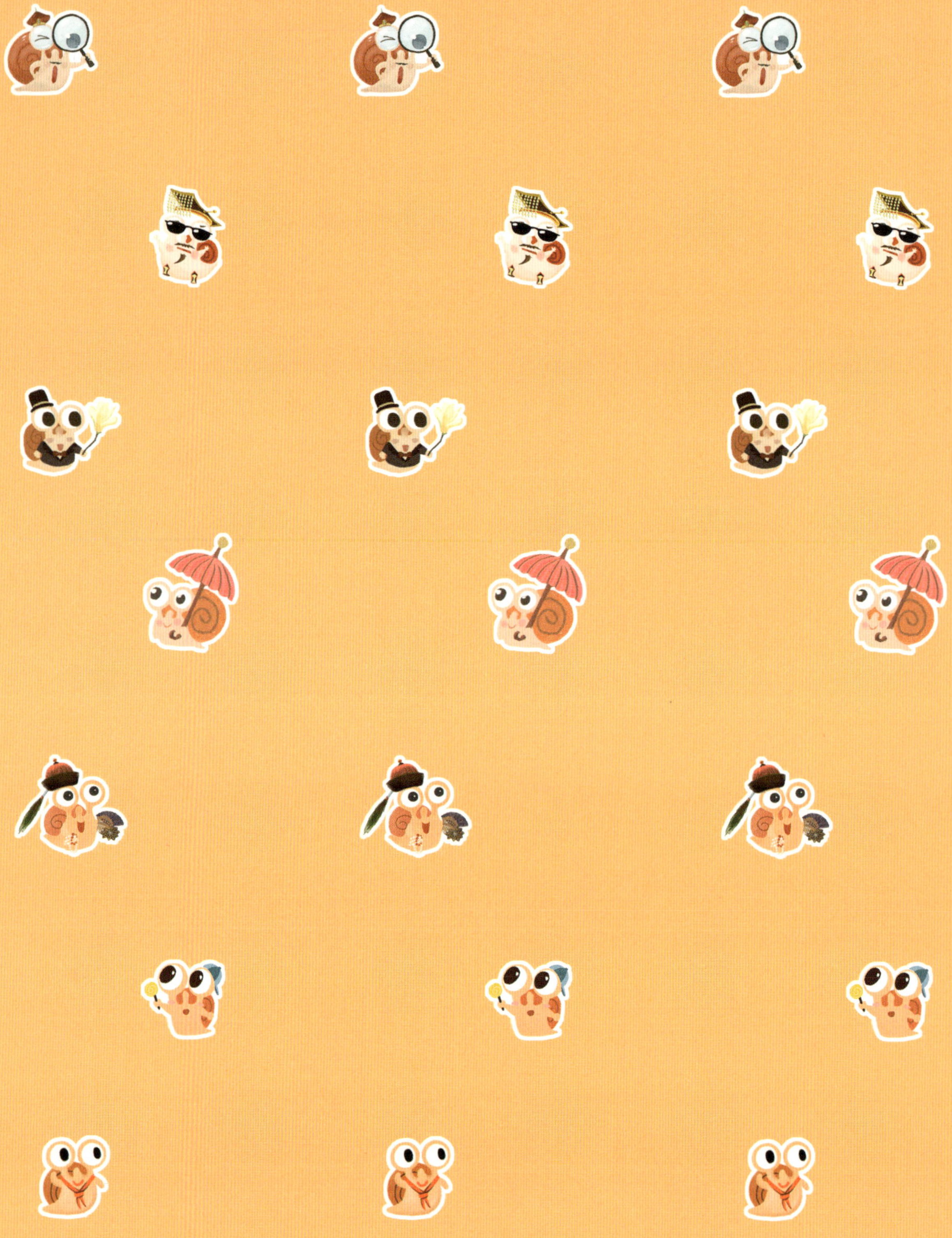